Musik-Taschen-Bücher
Theoretica Band 19

TB 270

JAZZ

Zur Geschichte und
stilistischen Entwicklung
afro-amerikanischer Musik

von
Wolfgang Sandner

Laaber-Verlag

1. Auflage Oktober 1982

ISBN 3 9215 1875-X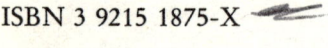

© Laaber-Verlag
Dr. Henning Müller-Buscher
Nachdruck, auch auszugsweise,
nur mit Genehmigung des Verlages

Inhalt

Jazz — „A way of life"   9

Vorgeschichte
   Sklavenzeit — Erste Akkulturation   15
   L. M. Gottschalk — Afrikanische Merkmale in euro-
   amerikanischer Musik   17
   Minstrelsy   21

Die Quellen
   Arbeitsmusik   27
      Worksong   27
      Field Holler   31
   Märsche   35
      Brass Bands, Marching Bands   36
   Ragtime   38
   Afro-amerikanische Kunstmusik   43
   Blues   47
      Country Blues   47
      Big City Blues   51

Geschichte des Jazz
   New Orleans Jazz   57
   Revival   70
   Dixieland   74
   Chicago-Stil   82
   Frühe Big Bands   85
   Swing und Big Band Jazz   89
   Bebop   99
   Cool Jazz   105
   Westcoast/Mainstream   111
   Hardbop   113
   Third Stream Jazz   116
   Free Jazz   119
   Electric Jazz/Rockjazz   130
   Neue Harmonik und retrospektive Tendenz   133

Anmerkungen 135

Literatur 141

Auswahldiskographie 145

Personenregister 147

"I asked one of these blacks . . . where they got these songs. 'Dey make 'em, sah.' How do they make them? . . . I'll tell you, it's dis way. My master call me up, and order me a short peck of corn and a hundred lash. My friends see it, and is sorry for me. When dey come to de praisemeeting dat night dey sing about it. Some's very good singers and know how; and dey work it in — work it in, you know, till they get it right; and dat's de way."[1]

Jazz — „A way of life"

Jazz sei nicht nur Musik, sondern im gleichen Maße ein „way of life", lautet die zur Binsenweisheit verkommene Devise. Binsenweisheiten aber sind nicht unwahr, sie sind nur schlecht formuliert. „Way of life" meint einerseits, daß das, was den Jazz von den übrigen Musikformen abhebt und charakterisiert, mit Attitüden korrespondiert, die auch in anderen Lebensbereichen spürbar werden. Und es bedeutet außerdem, daß die Musik in sehr enger Verbindung mit den Lebensgewohnheiten steht, und zwar nicht nur im traditionell funktionalen Sinn bei kultischen Handlungen, sondern als ein stets präsenter Ausdruck von Stimmungen, als Kontrapunkt des Tagesablaufs.

Jazz ist das Ergebnis einer Akkulturation, eines Kulturwandels aufgrund von Kulturkontakten. Wesentlich an diesen Kontakten scheint, daß sie nicht auf freiwilliger Basis zustande gekommen sind, sondern durch Zwang.[2] Mit ihren achtzig bis neunzig Jahren ist die Geschichte des Jazz zwar relativ jung, aber auf ihr lasten als Hypothek fast dreihundert Jahre Sklavenherrschaft und Unterdrückung der Afro-Amerikaner durch die Weißen. Wer sich mit Jazz befaßt, der muß die sich in den verschiedensten Äußerungen, in Stilen, Haltungen und Aktionen niederschlagende Spannung berücksichtigen, die sich aus dem sozialen Gefüge, den ethnischen Abstufungen und Ressentiments in Amerika ergibt. Ohne Kenntnis dieses soziokulturellen Hintergrunds sind weder Entwicklungen wie die zum Bebop oder die zum Free Jazz noch der Stellenwert des Blues und der Einfluß dieser wichtigen eigenständigen kulturellen Leistung der Afro-Amerikaner auf den Jazz zu verstehen. Das Mißtrauen der Schwarzen gegenüber weißen Musikern, die ihren Stil popularisieren und kommerziell ausbeuten, die häufige Affront-Stellung gegenüber dem Publikum und gegenüber einer europäischen Intellektualisierung ihrer vitalen afro-amerikanischen Musik, die Barrierebildungen durch eine eigene Sprache und Haltung, die bewußten Fehlinformationen in Interviews und die Abgrenzungen durch kultische Handlungen — in den verschiedensten historischen Momenten aufbrechend — haben ihren Ursprung als

Reaktion auf den Hegemonial-Anspruch euro-amerikanischer Kultur.

Attitüden, Haltungen, die sich auch in der jeweiligen künstlerischen Betätigung niederschlagen, sind noch nicht in dem Maße Gegenstand von systematischen Untersuchungen geworden, wie sie es verdient hätten. Gerade der Jazz — als eine primär improvisierte Musik, die sich im Individualstil ihrer Interpreten erst konkretisiert — lebt vom Gestus seiner Gestalter. Ein Beispiel mag zumindest ein Schlaglicht auf die knapp skizzierte Haltung von schwarzen Jazzmusikern werfen (die sich auch viele weiße Jazzmusiker zu eigen gemacht haben). Die amerikanische Zeitschrift „downbeat" veröffentlicht regelmäßig sogenannte Blindfoldtests, bei denen ein oder mehrere Musiker mit nicht näher charakterisierten Schallplattenaufnahmen konfrontiert werden, um dazu adhoc ihre Meinung zu äußern. Wie stets geben solche Urteile nicht nur Aufschluß über die jeweilige Musik, sondern in besonderem Maße über den kritisierenden Musiker und seine ästhetische Haltung.

Downbeat-Blindfoldtest von Leonard Feather mit dem Pianisten Thelonious Monk vom 21. April 1966:

1. Musikbeispiel: Andrew Hill, Flight 19
(Nach ungefähr zwei Minuten steht Monk von seinem Stuhl auf und beginnt im Raum umherzuwandern und aus dem Fenster zu sehen. Nachdem deutlich geworden ist, daß er nicht zuhört, wird die Platte abgestellt)
Monk: Der Ausblick hier ist großartig, und Sie haben ein tolles Stereogerät.
Feather: Ist das alles, was Sie zu der Schallplatte zu sagen haben?
Monk: Zu jeder Schallplatte!

2. Musikbeispiel: Art Pepper, Rhythm-a-ning
Monk: Er hat dem Song eine Note hinzugefügt. Eine Note, die man dort nicht erwartet. (Er singt.) Verstehen Sie, was ich meine?
Feather: Habe ich Sie sagen hören, das Tempo sei falsch gewesen?

Monk: Nein, jedes Tempo ist richtig.
Feather: Was sagen Sie zu den Soli? Welches von ihnen hat Ihnen gefallen?
Monk: Sie klangen wie langsame Soli, die nachträglich beschleunigt wurden.
Feather: Was sagen Sie zu der Rhythmusgruppe?
Monk: Nun, ich meine, das Stück swingt schon von selbst. Um damit auf gleicher Ebene zu sein, muß man nur swingen.
Feather: Wieviele Sterne würden Sie dem Stück geben? (Anm. d. Verf.: Im „downbeat" werden Schallplatten mit 0 bis 5 Sternen benotet.)
Monk: (zeigt auf seine Frau) Fragen Sie sie.
Feather: Ich frage nach Ihrer Meinung.
Monk: Sie haben mich nach meiner Meinung gefragt, und ich habe sie Ihnen gegeben.
Feather: Okay, vergessen wir Benotungen.
. . . .

7. Musikbeispiel: Oscar Peterson, Easy Listenin' Blues
Monk: Wo geht es zur Toilette? (Er wartet bis zum Ende des Stückes, verläßt den Raum, kommt zurück . . . lacht) Nun, Sie haben gesehen, wohin ich gegangen bin. (Zu seiner Frau) Hast Du herausgefunden, wer der Klavierspieler war?
Feather: Was sagen Sie zu dem Gitarristen?
Monk: Charlie Christian hat mich für alle anderen verdorben.

8. Musikbeispiel: Denny Zeitlin, Carole's Garden
Feather: Mögen Sie das?
Monk: Ich mag alle Musik.
Feather: Außer der Sorte, die Sie zur Toilette treibt?
Monk: Nein, aber man braucht auch diese Sorte . . . Es erinnert mich an Bobby Timmons, und dann muß es ja gut sein. Die Rhythmusgruppe hatte den richtigen groove. Der Schlagzeuger erinnerte mich an Art Blakey. Hey, spielen Sie das nochmal. (Später)

Yeah! Er klingt wie ein Klavierspieler. (Er summt das Thema) Dabei kann man ständig die Tonart wechseln. Es klingt wie etwas, was einstudiert, ausgedacht wurde. Man weiß, was man davon halten kann. Yeah, er war auf einem Bobby Timmons-Trip. D e r weiß, was gespielt wird . . .

Vorgeschichte

Sklavenzeit — Erste Akkulturation

Alfons M. Dauer hat seinem Buch, „Jazz — die magische Musik", einer herausragenden Veröffentlichung zum Jazz in deutscher Sprache, eine Zeittafel zur Geschichte des Jazz angefügt, und sie beginnt mit der lakonischen Notiz: „1509 Erste Afrikaner nach San Domingo, heute Haiti." In der Tat läßt sich die Entwicklung dieser Musik einigermaßen gesichert nur datieren, wenn man sie an sozialgeschichtlichen Fakten und politischen Ereignissen festmacht und nicht an der größtenteils mündlich tradierten Musik der Afro-Amerikaner, die sich im Obskuren der Geschichte verliert.[3] Es erscheint zudem wenig sinnvoll, sich auf ein Ereignis, womöglich eine Erfindung zu kaprizieren, mit der der Jazz in die Öffentlichkeit getreten sei. Die Annäherung euro-amerikanischer Musikformen mit afrikanischen und afro-karibischen Spielpraktiken hat selbst wieder ihre Geschichte, sie verlief in verschiedenen Stadien und verschiedenen Richtungen, keineswegs nur im Sinne einer Aneignung und Transformation europäischer Musikstile durch die Afrikaner.

Tatsächlich gesichertes Quellenmaterial über die Jazzspielweise geben erst die Schallplattenaufnahmen seit 1917. Geht man zurück bis zur Mitte des 19. Jahrhunderts, so lassen sich zumindest Nachweise über Vermischungstendenzen zwischen euro-amerikanischem und afro-amerikanischem Musikgut anhand der schriftlich aufgezeichneten Melodien und Kompositionen erbringen, die den Jazz vorbereiten halfen. In den von Allen, Ware und Garrison herausgegebenen „Slave Songs of the United States", einer Sammlung oral tradierter Gesänge, gibt es zahlreiche Stücke, die Zeugnis ablegen von der Verbindung afrikanischer und euro-amerikanischer Stilelemente, beispielsweise französischer Contredanse-Formen mit Habanera-Rhythmisierungen oder sogenannten Cakewalk-Figuren, die später die Basis des Ragtime bilden sollten (Allen/Ware/Garrison, S. 112 f.).

Lolotte
(mit Habanera-Rhythmus: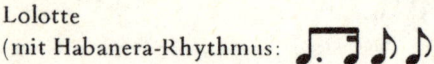

Musieu Bainjo (mit Cakewalk-Rhythmus:

Louis Moreau Gottschalk — Afrikanische Merkmale in euro-amerikanischer Musik

Auch in den Kompositionen Louis Moreau Gottschalks (1829—1869)[4] läßt sich nachweisen, daß die junge Kunstmusik Amerikas nicht nur Impulse von der europäischen Musiktradition erhielt, sondern auch von der afrikanischen Musik. Freilich bedurfte es dazu bestimmter historischer wie gesellschaftlicher Voraussetzungen, aber auch Bedingungen topographischer Art. Gottschalk hat die ersten dreizehn Jahre seines Lebens, bis 1842, in seiner Vaterstadt New Orleans verbracht. In der vergleichsweise liberalen Atmosphäre dieser Stadt war es einerseits möglich, bei jährlichen Gastspielen die neuen Aufführungen der Pariser Oper und der Comédie Française kennenzulernen und andererseits afrikanisches Kulturgut zu erleben. Gottschalk, der erste Amerikaner, der auch in Europa einen Namen hatte und von Chopin wie Berlioz gleichermaßen geschätzt wurde, war von Kindheit an in gleicher Weise vertraut mit den Werken von Bellini, Meyerbeer, Racine oder Molière wie mit den lokalen folkloristischen Musizierformen, mit den mysteriösen Legenden, die von den alten Sklaven, halb erzählend, halb gesungen, vorgetragen wurden. Gottschalks erste „Kreolische Kompositionen" entstanden in den Jahren 1844—1846 in Paris. Aber in ihrer musikalischen Faktur wären sie nicht vorstellbar ohne diese kulturelle Situation der Stadt New Orleans, die — 1718 von Sieur de Bienville gegründet — erst 1803, nach einer wechselvollen französisch-spanischen Geschichte offiziell amerikanisch wurde, bis heute aber ein exotisches Element innerhalb der Grenzen der Vereinigten Staaten geblieben ist.[5]

In dieser Stadt wurde 1724 der sogenannte „black code" verkündet, der die freigelassenen Sklaven den freigeborenen Personen rechtlich gleichstellte. Und die Sklaven hatten — wie sonst nirgends im Land — das Recht, sonntags ihre Tänze in den überlieferten afrikanischen Formen abzuhalten. Von diesen Tänzen hat der Schriftsteller und Forscher George Washington Cable 1886 in seinem berühmten Aufsatz über „The Dance in Place Congo" berichtet.[6]

Cables Beobachtungen sind im Zusammenhang mit einem Tanz wichtig, der sich als Titel von Louis Moreau Gottschalks Opus 2 wiederfindet: La Bamboula. Der Begriff leitet sich ab von einer für diesen Tanz verwendeten langen Bambus-Trommel. Über die Musik macht Cable nur vage Angaben, beispielsweise, daß sie rhythmisch vom kontinuierlichen Stampfen der barfüßigen Schwarzen und einem unvermittelt dazwischen fahrenden Trommelschlag charakterisiert wird. Immerhin läßt sich daraus erkennen, daß Gottschalk dieses Element formelhaft in seiner Komposition aufgreift, indem er den Betonungen des Klavierbasses auf der ersten Zählzeit eines 2/4-Taktes, dynamisch im dreifachen Forte, einen piano zu spielenden Akzent auf Eins-und in unregelmäßigen Abständen folgen läßt. Gottschalks Komposition findet im übrigen ihre Entsprechung in einer Bamboula, die Cable in seiner Abhandlung über den Place Congo überliefert hat.

Bamboula (Cable, S. 376):

L. M. Gottschalk, Bamboula op. 2 (aus: L. M. Gottschalk, Klavierstücke, hrsg. v. E. Klemm, Leipzig 1974):

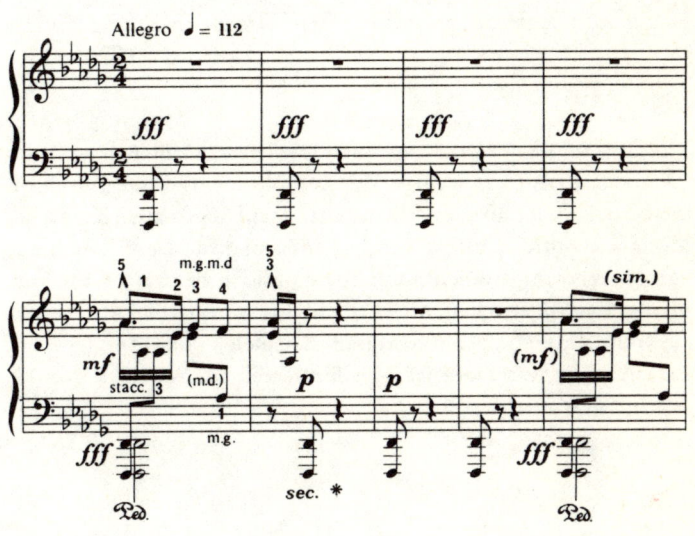

Auch in der Klavierkomposition „Ojos criollos", die auf den Westindischen Inseln im Jahr 1859 entstanden ist, interpoliert Gottschalk die Habanera-Figur mit einem Cakewalk-Rhythmus über einem synkopierten Baß, damit ein Werk mit wenigen, nichtsdestoweniger präzisen Mitteln zu einem exotischen Charakterstück formend, das im übrigen sich dem virtuosen Klavierstil europäischer Provenienz des 19. Jahrhunderts verpflichtet fühlt.

Gottschalk, Ojos criollos

Gottschalks Werke werden hier gewissermaßen stellvertretend für andere, weniger leicht dokumentierbare Mischformen zwischen afro-amerikanischer und euro-amerikanischer Musik genannt.[7] Entscheidende Bedeutung für die Entwicklung zum Jazz kommt ihnen nicht zu; sie bilden eher ein Exotikum in der amerikanischen Musikgeschichte, immerhin aber eines, das mit anderen, prominenteren Beispielen eine Tendenz zur Assimilation verschiedener Musikkulturen im Amerika des 19. Jahrhunderts verrät.

Minstrelsy

Vom Einfluß der Brass Bands, von volkstümlichen vokalen Musizierweisen des Blues und instrumentalen des Ragtime, von afrikanischen Shouts, Hollers und Worksongs als den eigentlichen Wegbereitern des Jazz wird noch die Rede sein. Im Zusammenhang mit kulturellen Formen als Quellen des Jazz im 19. Jahrhundert sei hier vor allem auf die Minstrelshows hingewiesen, weil sie nicht unwesentlich dazu beigetragen haben, die weiße Bevölkerung (vor allem in den Nordstaaten) mit der Musik, die afro-amerikanische Merkmale in mehrfach akkulturierter Form enthielt, bekannt zu machen — auch wenn dies in einer Weise geschah, die die Schwarzen als dumme Nigger oder bestenfalls musikalische Schlitzohren abqualifizierte. Die Minstrelshows, die Anfang des 19. Jahrhunderts entstanden und eine standardisierte Vortragsweise Mitte des Jahrhunderts entwickelt hatten, wurden zunächst nahezu ausschließlich von Weißen als karikierende Nachahmung der schwarzen Lebensart inszeniert. Da man (bei den Weißen) damals meinte, daß die schwarze Lebensform sich darin erschöpfe, diejenige der Weißen zu imitieren, war die Minstrelshow zu jener Zeit somit eine weiße Nachahmung der schwarzen Lebensweise, die wiederum die weiße nachahmte. Geradezu grotesk aber wurde die Situation, als nach dem Sezessionskrieg mehr und mehr Schwarze eigene Minstrelshows aufziehen konnten, aber an den mittlerweile gefestigten Formenkanon gebunden waren. So äfften Schwarze mit übertrieben bemalten Gesichtern Weiße nach, die Schwarze karikierten, die wiederum in ihrem Streben nach Anerkennung in der weißen Welt deren Lebenshaltung nachmachten. Diese so vielfach gebrochene „Mimesis"-Kultur hat gerade mit ihren musikalischen Teilen das Terrain für den Jazz mitebnen helfen. Eine Reihe bedeutender Jazzmusiker — Ma Rainey, Bessie Smith, Jelly Roll Morton, Bunk Johnson und der „Vater des Blues", W. C. Handy, beispielsweise — sind in Minstrelshows aufgetreten.[8] Handy berichtet im übrigen, daß die Minstrelshows die wichtigsten Talentreservoirs für schwarze Musiker und Künstler seit Mitte des Jahrhunderts gewesen waren, nicht zuletzt deshalb, weil — trotz aller Erniedrigung und erzwungener Selbstkarikatur — die Minstrelsy immer noch die einzige Möglichkeit zur „geographischen, sozialen und ökonomischen Mobilität" für die Schwarzen darstellte.[9] Und immerhin war in die Shows afro-amerikanische Kultur — in welcher Form auch immer — integriert.

Musiker und Sänger als Unterhalter in den entlegenen Gebieten der Neuen Welt gab es praktisch seit der Kolonialzeit. Bis zum Ende des 18. Jahrhunderts aber war das Entertainment wie die übrigen kulturell-künstlerischen Äußerungen sehr stark vom britischen Mutterland geprägt. Selbst wenn in den verschiedensten Formen der Unterhaltungskunst Neger-Charaktere auftraten, so erinnerten sie bis zu dieser Zeit eher an spleenige Engländer als an exotische Afro-Amerikaner. Erst nach dem Krieg von 1812 und dem gesteigerten Bedürfnis der Amerikaner, sich gegenüber der Kultur Englands prägnant abzusetzen, tauchen vermehrt Elemente afro-amerikanischer Kultur, beispielsweise in den Songs, den Tänzen, den Erzählformen und sprachlichen Wendungen auf.

Musik in den Minstrel-Darbietungen bestand vor allem aus sogenannten Coon-Songs, Liedern aus der Sphäre der Südstaaten-Plantagen, aus Tänzen wie dem Cakewalk, der keine Erfindung der Minstrelsy war, sondern ein früher Tanz aus der Sklavenzeit, und schließlich — gegen Ende des 19. Jahrhunderts — in den aus den Cakewalks hervorgegangenen Ragtimes, die den Minstrelshows ihre rapide und weite Verbreitung verdankten.[10]

Im Laufe ihrer über hundertjährigen Geschichte hat die Minstrelsy große Wandlungen durchgemacht und viele verschiedene Formen der Unterhaltung, bis zum Varieté und zum Zirkus, assimiliert. Die prototypische Minstrelshow entstand in der Zeit zwischen 1850 und 1870 mit einer festen Rollenverteilung ihrer Mitglieder und präzisen Formabläufen. Innerhalb der eher potpourri-artigen Darbietungen gab es einen Abschnitt, der der eigentliche mit Minstreltum assoziierte wurde. Rituell begann dieser Abschnitt stets mit dem Plätzeeinnehmen auf im Halbkreis auf der Bühne angeordneten Stühlen, zu dem der „Middle man" oder „Mr. Interlocutor", der einzige nicht bemalte, also nicht den Neger simulierende Spieler, die übrigen aufforderte. An den Enden der Stuhlreihen saßen Mr. Tambo und Mr. Bones, die musikalischen Clowns des Ensembles — benannt nach den von ihnen traktierten Instrumenten Tambourin und Knochenkastagnetten — gewissermaßen als die schwarzen Gegenspieler zum weißen Mr. Interlocutor. Dieser Abschnitt gemischt musikalischer und possenhafter Unterhaltung stellte manchmal auch eine Art Politkabarett dar, mit einer gar nicht so eindeutigen Tendenz. Wenn man einen kühnen Vergleich wagt, könnte man — zumindest was Rezeption und Funktion dieser musikalisch-verbalen Inszenierungen betrifft — Ähnlichkeiten mit der Operette Jacques Offenbachs finden, in der das Zweite Kaiserreich in Frankreich sich bestätigt fühlte und gleichzeitig seinem eigenen Untergang applaudierte. Die Dialoge, Zoten und Anspielungen zwischen Mr. Interlocutor und Mr. Tambo beziehungsweise Mr. Bones in der Minstrel-Show richteten sich auch vielfach ironisch gegen die Weißen, die von den schlauen Schwarzen mit ihrem „verqueren" Charakter ständig übers Ohr gehauen wurden. Für beide — die dem Spektakel akklamierenden Weißen wie für die nach 1850 immer mehr die Shows inszenierenden Schwarzen — hatte die Minstrelsy somit jene Ventilfunktion, die das System bestätigt.

Die Quellen

Arbeitsmusik

Wenn eine „Geschichte des Jazz" mit den Quellen dieser Musik beginnt, dabei aber als klingendes Material auf Schallplattenaufnahmen zurückgreifen muß, wie sie beispielsweise von der amerikanischen Firma „Folkways" in den fünfziger Jahren produziert wurden, einer Zeit, in der diese Musik bereits über ein halbes Jahrhundert alt war, dann kann man daraus schon auf einige Schwierigkeiten bei der Beschäftigung mit dem Jazz schließen. Mit ihrem Gegenstand einer primär improvisierten, nicht-notierten und von anderen Konservierungsmethoden abhängigen Musik, die zudem lange Zeit dem Verdikt ausgesetzt war, Folklore einer diskriminierten ethnischen Gruppe und dokumentationsunwürdige Unterhaltung zu sein, ist die Jazzforschung auf Rekonstruktion angewiesen. Gleichzeitig wird hier deutlich − sofern man das Beispiel als authentisch gelten läßt −, wie die Vorgeschichte des Jazz in seine Geschichte hineinragt, Ungleichzeitigkeit der Ausdrucksmittel geradezu ein Signum des Jazz darstellt. Nicht zuletzt hängt dies auch mit gesellschaftlichen Konstellationen zusammen. Traditionen, Lebens-, Arbeits- und andere Sozialbedingungen haben sich seit Mitte des 19. Jahrhunderts für einige Personengruppen offenbar gar nicht so sehr verändert, wie es eine humanere Gesetzgebung suggerieren mag.

Worksong

Die Bestimmung der Schwarzen − von 1619, als ein Holländer in Jamestown, Virginia, die ersten zwanzig nach Nordamerika verschleppten Afrikaner verkaufte, bis zum letzten Sklaven des Jahres 1864 − war eindeutig. Sie hieß Arbeit.[11] Aus den verschiedensten Regionen und von unterschiedlichsten Volksstämmen Afrikas nach Amerika gebracht, ohne Rücksicht auf ihre Herkunft zusammengeführt, ja vielfach geradezu bewußt in babylonischer Sprachverwirrung gehalten, um Revolten und Verschwörungen auszuschließen, gab es doch kulturelle Gemeinsamkeiten, die über die ethnischen Eigenarten hinweg und parallel zum gemeinsamen Schicksal eine „black community" schufen. Lawrence Levine zitiert ein bekanntes nigerianisches Sprichwort: „Wenn die Bäume gefällt werden sollen, mußt du singen. Ohne Gesang ist das Buschmesser stumpf" (Levine, S. 208). Lieder zur Arbeit waren und sind noch in vielen Teilen des afrikanischen Kontinents selbstverständliche kulturelle Ausdrucksformen. Sie sind es vielfach so sehr, daß das eine nicht ohne das andere vorstellbar ist, Arbeit und Musik sich bedingen. Über die Funktion von Musik im sozialen Gefüge afrikanischer Volksstämme und ihre Übertragung beziehungsweise Veränderung beim Eintritt der Afrikaner in die amerikanische Gesellschaft geben unter anderen die Arbeiten Dauers Auskunft.[1] [2] Nach afrikanischen Vorstellungen wird durch Musik Kraft erzeugt, die die eigentliche Arbeit leistet, während die physische Betätigung des real Arbeitenden nur als Nebenprodukt, gewissermaßen als fiktive Arbeit angesehen wird.

In diesem Sinne ist auch Rudi Bleshs Bestimmung der Worksongs zu verstehen: „The slave thus found his store of workmusic, remembered from Africa, useful and necessary in his new surroundings. The functional principle of this music, to heighten energy, to facilitate physical motion by making it rhythmic, and to furnish mental diversion without interrupting labour, he found applicable here. Work-music, in effect, converts labor, at least to a degree, into games or dances that furnish an excitement monotonous drudgery cannot. Excitement heightens energy that, channeled into a pattern that excludes non-useful movements, generates its own momentum and expends itself with little waste. The whole implication of game or dance diverts the worker's mind from his troubles. The hypnotic singing becomes the reality; the work becomes automatic (Blesh, S. 48).

Den unterschiedlichsten Betätigungen entsprechend, haben sich im afro-amerikanischen Worksong verschiedene Formen herausgebildet, von denen die kollektiven Worksongs von Arbeitsmannschaften, die unterschiedlichsten Hollers und Streetcalls besonders erwähnt seien. Gerade die kollektiven Worksongs sind stark vom Nützlichkeitsprinzip bestimmt gewesen. Um die Arbeit zu koordinieren (auf den Feldern, beim

Holzfällen, Straßenarbeiten, Rudern, in Sträflingsverbänden ...),
diente afrikanische Responsorialtechnik mit einem Vorsinger
und der antwortenden Mannschaft in nahezu idealer Weise. Ein
guter Vorsänger war nach Aussagen des Blues- und Folkinterpreten Leadbelly in doppelter Hinsicht wertvoll. Den Arbeitern
wurde ihre Tätigkeit erträglicher, der Unternehmer konnte mit
effektiverer Leistung rechnen.[13] Und da es dem Sklavenhalter
meist gleichgültig war, was gesungen wurde, solange man dabei
nur optimal arbeitete, haben sich in den Worksongs die ausgeprägtesten afrikanischen Elemente erhalten. Dauer faßt zusammen: Perkussive Verwendung von Werkzeugen, Gesang im
Shout-Stil, einer Art Schreigesang mit rezitativischem Charakter,
polyrhythmische Strukturen, melodisch-rhythmische Off-beat-Technik, respondierendes Singen in Ruf-Antwort-Folgen,
in sogenannten „pattern formations", Hot-Intonation, Blues-Tonalität, variables Timbre und Off-pitchness, das heißt schwankende Tonhöhen.[14]

Auf einer Schallplatte von Folkways (The Music of New
Orleans, Vol. 1, The Music of the Streets/The Music of Mardi
Gras; Folkways Records FA 2461) befindet sich im Kontext
zahlreicher Worksongs auch ein Schuhputzerlied von Percy
Randolph. Es gehört — ähnlich wie die Streetcalls der Melonenverkäufer und Marktfrauen — zu jenen Songs, die die zu verrichtende Arbeit thematisieren, dabei auf die Dienstleistung des
Schuhputzers in Form einer klingenden Selbstanzeige spielerisch
aufmerksam machen. Das Beispiel ist insofern für das afrikanische Element von Worksongs charakteristisch, als es sich um
rhythmisierte Sprache, begleitet von einem perkussiv eingesetzten Schuhputztuch handelt, streng melodische Gestaltung
mit fixierten Tonhöhen und ausgeglichener Phrasierung im
europäischen Sinne überhaupt nicht intendiert ist.

Shine, 1. Vers[1][5]

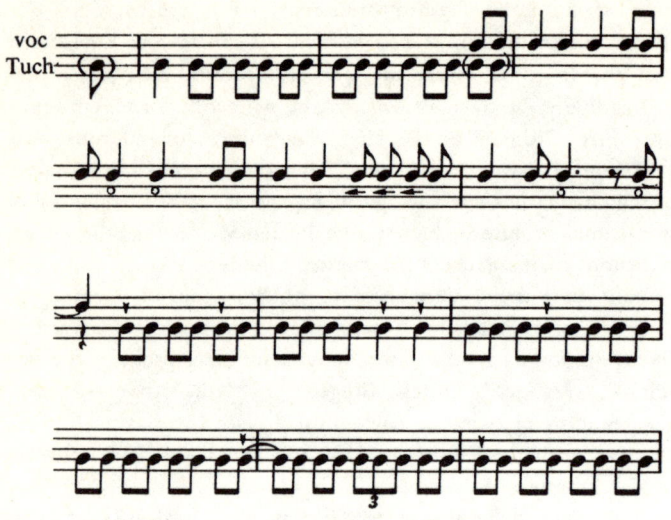

Und es macht darüber hinaus bewußt, was auch für die Jugbands und die Begleitung vieler Blues-Interpretationen gilt: daß die Afro-Amerikaner aus der instrumentalen Not eine Erfindertugend gemacht haben, indem sie aus den Gegenständen ihres täglichen Lebens (vom Kamm zum Waschbrett) höchst originelle Klangwerkzeuge formten.[1][6] Percy Randolph arbeitete zu jener Zeit 1958 nicht nur als „Shoeshine boy" auf dem dafür traditionellen Platz an der Pirates Alley hinter St. Louis Cathedral in New Orleans. Er war außerdem Gemüseverkäufer und Straßenmusikant. Die Originalität und der heiter-unbeschwerte Gestus des kurzen Worksongs sollte nicht darüber hinwegtäuschen, daß Straßenmusik dieser Art auch harte Arbeit darstellt. Samuel Charters spricht es in seinem Begleittext zur Originalaufnahme aus: „Die Leute hasten vorbei, sehen dich kaum, rempeln dich im Vorbeigehen an. Wenn du gut genug singst, um eine Menge anzulocken, kommt die Polizei und jagt dich fort. Und bei schlechtem Wetter verdienst du keinen Cent. Die Musik der meisten Straßenmusikanten wird zur mechanischen Repro-

duktion bekannten Materials, dem niemand richtig zuhört ..."
Der Gefahr eines musikalischen Tourismus, exotisches Elend als
pittoreske Armut zu verklären, sollte man sich stets bewußt
sein.

Field Holler

„Ich habe meist 150 Pfund Baumwolle jeden Tag gepflückt.
Wir haben Baumwolle gepflückt und gesungen, und gepflückt
und gesungen, jeden Tag."[17] Singen bot in mancherlei Hinsicht
Erleichterung. Man verbalisierte in expressiven „Cries" seine
Gefühle und fand dadurch ein Mittel, sie zu beherrschen, statt
sich von ihnen überwältigen zu lassen. Oder man vertrieb die
Einsamkeit auf den riesigen Feldern der Südstaaten, indem
man über mehrere hundert Meter durch „Calls" Nachrichten
übermittelte und mit seinen Leidensgenossen kommunizierte.
Oder aber man lenkte mit nachrichtenlosen „Hollers" (Jodlern)
überhaupt erst einmal die Aufmerksamkeit auf sich. Wenn es
sich nicht um Informationen handelte, war es bei den Gesängen
im Grunde egal, was man sang, da nicht wie beim Holzfällen, bei
den Eisenbahnschienen verlegenden Straßenarbeitern oder den
angeketteten Strafgefangenen (Chain gangs) rhythmisch syn-
chrone Abläufe erforderlich waren. Während die kollektiven
Worksongs zeitlich von den Bewegungsfolgen – den Schlag-
zahlen der Ruderer oder dem langsamen Heben einer Axt und
dem raschen Niederschlag – abhingen und im Versmaß wie in
den rhythmischen Mustern gleichmäßig strukturiert werden
mußten, waren die Field Hollers und Cries individueller geprägt.
Arbeitsmusik bestand hier eigentlich eher unverbindlich aus
Musik bei der Arbeit. Im gleichen Maße, wie die expressive
Singtechnik der Field Hollers und Cries auf andere Formen
afro-amerikanischen Musizierens, beispielsweise den Blues,
Einfluß nahm, fand auch das Repertoire der Blues- und Folk-
Sänger Eingang in das Singen auf den Baumwollfeldern, vor
allem in jener Zeit, in der es bereits Schallplattenaufnahmen von
bekannteren Interpreten gab. So ist beispielsweise das auf
Folkways veröffentlichte „My Little Annie, So Sweet" von

Horace Sprott (Music from the South, Vol. 10: Been Here and Gone, Sounds and Music/Saints and the Devil, Folkways FA 2659, aus dem Jahre 1960) eine „Reinterpretation" einer Aufnahme vom Komponisten des Liedes, Blind Boy Fuller, vom März 1940, „Little Woman You're So Sweet"; sie demonstriert, wie Songs, die die Erfahrungen der Field Hollers verarbeitet haben, den Weg in die Aufnahmestudios fanden, um anschließend in modifizierter Form auf die Felder des Südens zurückzukehren, wo sie wiederum „zersungen" wurden. Gerade im Zusamenhang mit diesem Worksong, der vom Ausdruck und seiner Form her eine Mischung aus Field Holler, Blues und Spritual-Emphase darstellt, soll auf einige Eigenheiten afroamerikanischen Musizierens hingewiesen werden, die in ihren Ursprüngen afrikanisch sind: Off-Pitchness, Variation, Indirektheit.

Ernest Borneman zitiert in seinen Notizen zur Geschichte amerikanischer Negermusik ein Mitglied des westafrikanischen Volksstammes der Ewe, der über wesentliche Aspekte im Verhalten seiner Landsleute Aufschluß gibt: „They always want to sing in parables ... All African languages south of the Sahara except those of the nomadic aborigines and those influenced by the Arabs, refrain from direct statement and aim instead at circumlocution. The direct naming of a thing appears to be alien to the African spirit of *rightness*; it is considered as a *faux pas* in social relations and as a mark of coarseness in intellectual affairs ... Circumscription of meaning in ever-changing paraphrases is considerd the criterion of intelligence and personality ..."[18] Daß diese Prinzipien auch mit der afrikanischen Musikanschauung korrespondieren, erscheint Borneman offenkundig. Keine Note wird direkt hervorgebracht. Instrumente und Stimme nähern sich dem Ton stets von unten oder oben, und auch der Grundschlag des Metrums wird nicht angegeben. Er wird stillschweigend vorausgesetzt, angedeutet, durch Vorwegnahme oder Verzögerung, durch Anbinden oder durch Schwankungen verschleiert. All diese Prinzipien lassen sich auch in „My Little Annie, So Sweet" nachweisen, in der die improvisatorische Umformung der vorgegebenen Verszeilen durch Verschleifungen, melismatische Auszierung, Untersingen beziehungsweise

Übersingen der Melodietöne, Off-Beat-Phrasierung, das heißt gegen den Taktschwerpunkt gerichtete Rhythmisierung, zustande kommt. Mit dem typischen „Hollern" hat die Interpretation von Horace Sprott insofern zu tun, als auch hier der Gesang mit einem jodelartigen, hohen Initialton beginnt, um allmählich – von der Energie des Anfangs zehrend – auszuklingen.[19]

Little Annie[20]

Horace Sprott war zur Zeit der Aufnahme 1955 Plantagenarbeiter in Alabama. Er war damals Mitte sechzig. Sein genaues Geburtsdatum kannte er nicht. Seine Eltern waren Sklaven auf der Sprott Plantage gewesen. Ihrem Sohn Horace gaben sie den

Nachnamen ihres Besitzers. Die Großmutter von Horace ist noch in Afrika geboren worden. Als Horace noch klein war, verschwand sein Vater. Er hat ihn nie wieder gesehen. Mit elf Jahren lief auch Horace von Sprott, gewissermaßen von seinem eigenen Namen, weg. Er schlug sich mit verschiedensten Jobs durch, kam ins Gefängnis, weil er ein Mädchen angeschossen hatte, das er später heiratete, acht Jahre danach aber wieder verließ. Er kehrte mit ungefähr vierzig Jahren zur Farm zurück, auf der er geboren worden war, heiratete dort ein Mädchen namens Annie. Während der Wanderschaft und seiner Arbeit hatte Horace Sprott stets musiziert. Die Lieder, die er unterwegs auflas, ergänzte er mit Geschichten aus seinem Leben und dem seiner Frau Annie:

>   Hey mammy, hey girl, don't you hear
>   Blind Boy Fuller calling you
>   She's so sweet, so sweet
>   My little Annie, so sweet

Märsche

Die Frage nach der Essenz des Jazz — zyklisch immer wiederkehrend — wurde oft mit dem Titel von Duke Ellingtons Komposition „It Don't Mean A Thing If It Ain't Got That Swing" beantwortet. Der Hinweis auf das Swing-Phänomen, das oft, aber selten befriedigend, zu klären versucht wurde, macht immerhin eines bewußt. Jazz und Nicht-Jazz haben vielfach gleiches musikalisches Material zur Grundlage, es handelt sich oft nur um zwei verschiedene Auffassungen, zwei divergierende Interpretationsformen. Um das zu verdeutlichen, braucht man sich nur Transkriptionen von Jazz-Improvisationen anzusehen, aus denen selten das Spezifische des Jazz, „Swing" beispielsweise, herausgelesen werden kann. Ein Jazzmusiker und ein in der europäischen Tradition stehender Symphoniker werden mit der gleichen Vorlage zu völlig unterschiedlichen interpretatorischen Ergebnissen gelangen. Damit ist die Frage der qualitativen Veränderung vom Noch-Nicht-Jazz zum Jazz, die irgendwann im Laufe der 80er und 90er Jahre des 19. Jahrhunderts eingetreten ist, teilweise beantwortet: sie manifestiert sich unter anderem in den verschiedenen Auffassungen an sich gleichgebliebenen musikalischen Materials.

Scott Joplins „Combination March", eine Komposition im rein euro-amerikanischen Stil mit einer strikten A-B-C-D-Form, ohne afro-amerikanische Elemente, instrumentiert von Gunther Schuller und stilecht, das heißt euro-amerikanisch, von dessen Orchester interpretiert, ließe sich durch eine andere Rhythmusauffassung ohne weiteres zu einem mit Jazz assoziierten Stück uminterpretieren. Man vergleiche diese Interpretation (festgehalten auf der Schallplatte „Footlifters, A Century of American Marches in Authentic Versions", CBS 73478) mit Gunther Schullers Aufnahme von Scott Joplins „Maple Leaf Rag" (Scott Joplin — The Red Back Book, EMI Electrola 1 C 056—81492). Der Unterschied liegt hier nicht allein in den Ragtime-Synkopen des Maple Leaf Rag, der einen anderen Klangeindruck vermittelt. Er entsteht auch durch anderes Akzentuieren und Phrasieren der Band, die hier oft jazz-mäßiger spielt, das heißt die Töne in ihrem Notenwert verkürzt oder verlängert, Punktierungen einfügt, die nicht im Original stehen, Töne verschleift und Akzente geringfügig versetzt. Jazz oder Nicht-Jazz ist häufig eine Frage der Rhythmusauffassung des Musikers. Eubie Blake (1883 geboren), einer der wenigen noch lebenden frühen Ragtime-Pianisten, hat dazu ein signifikantes Beispiel gegeben: „Whenever Negroes played, it was ragtime. At a funeral they would play the Chopin Funeral March on the way there, and on the way back they'd play it in ragtime."[21] In diesem Sinne meint auch Rudi Blesh, daß Scott Joplins erste Versuche als Klavierkomponist, „The Great Crush Collision March", „Combination March" und der „Harmony Waltz" als Ragtimes anzusehen sind und entsprechend interpretiert wurden, obwohl alle Stileigentümlichkeiten, die für den klassischen Ragtime charakteristisch sind, hier fehlen.[22]

Wer Joplins Märsche als Ragtimes bezeichnet, der müßte konsequenterweise auch Werken wie John Philip Sousas „Kadettenmarsch" und anderen Stücken des Komponisten Ragtime-Qualität zuerkennen. Rudi Blesh berichtet im Vorwort der „Collected Works" von Scott Joplin denn auch von dem Ragtime-Pianisten Willie Joseph, der großen Erfolg hatte mit Sousas Marsch „Stars and Stripes forever" (1897), den er abwechselnd als Marsch, Ragtime und Sixteen (eine Art Boogie Woogie) interpretierte (The Collected Works of Scott Joplin, Band 2, S. XVI).

Brass Bands, Marching Bands

Im Zusammenhang mit Gunther Schullers „Incredible Columbia All-Star Band" und seinen Interpretationen amerikanischer Märsche von Joplin, Sousa, Reeves und Ives, die alle zur gleichen Zeit lebten und komponierten, sei auf eine der wesentlichen instrumentalen Institutionen in der Vorgeschichte des Jazz hingewiesen: die Brass Bands oder Marching Bands. Verbürgt ist das Auftreten von Blechblaskapellen für das gesamte 19. Jahrhundert in Amerika.[23] Was sie gespielt haben, ist weniger leicht zu rekonstruieren. Dauer überschreibt den Abschnitt seines Buches, der sich mit den Marschkapellen auseinandersetzt, bezeichnenderweise mit „Die Musik, die keinen Namen hat" (Dauer 1961, S. 69 ff.). Daß es sich vielfach um europäische Marschmusik gehandelt haben dürfte, überliefert Olmstead, wenn er davon spricht, daß die Militärparaden gewöhnlich von „Negro brass bands" begleitet wurden, die sich aus Haussklaven und Freigelassenen rekrutierten (Stearns, S. 55). Den meisten Sklaven auf den Plantagen war es erst nach dem Bürgerkrieg möglich, in Blaskapellen dieses Stils mitzuwirken. In New Orleans konnten Schwarze nach 1865 aus den Restbeständen der Militärkapellen der aufgelösten Südstaatenarmeen billige Musikinstrumente erwerben und damit eigene Blechblaskapellen gründen, die den Stil weißer Marschmusiker imitierten und in ihrem Sinne improvisatorisch abwandelten.[2,4] Diese Marschkapellen waren bedeutende Reservoirs, aus denen die kleineren Bands des klassischen Jazz hervorgegangen sind.

Die Beliebtheit der Märsche bei den Afro-Amerikanern führt Dauer auf innermusikalische wie außermusikalische Faktoren zurück. Zum einen entsprach die funktionale Hervorhebung des Rhythmus im Marsch afrikanischen Erfahrungen. Zum anderen fanden die Afro-Amerikaner in der einfachen Harmoniestufenfolge der europäischen Märsche Ähnlichkeiten mit ihren afrikanischen Vorstellungen von Harmoniebildungen und in den knappen, ständig repetierten melodischen Motiven Entsprechungen zu den eigenen additiven Melodieformen (Dauer 1958, S. 94).

Ragtime

Über die soziale Herkunft des Ragtime gibt ein Zitat von Eubie Blake Auskunft: „My mother was very religious and hated ragtime like all the high-class negroes ... The purists said it was not art because it came from backroom bars ... I played it in houses of ill-repute when I was fifteen ... When I played it at home my mother would yell, ,Take that ragtime out of my house. As long as I here, you don't play ragtime in this house!' She knew where it came from. She'd play things like Jesus Knows All About My Struggles – and that wasn't ragtime" (Gammond S. 7 f.). Mit dem Zitat von Blake wird bereits deutlich, daß „Ragtime" gegen Ende des 19. Jahrhunderts nicht nur einen einigermaßen exakt zu beschreibenden, komponierten Klavierstil bezeichnete, sondern als Pauschalwort für das galt, was man durchaus auch im abschätzigen und verschwommenen Sinn unter „synkopierter Negermusik" verstand. In der Diskussion über die Entstehung des Jazz hat der Ragtime immer schon eine große Rolle gespielt. Zur Begriffsverwirrung trug bei, daß die Musik, die später als archaischer Jazz bezeichnet wurde, den Begriff Ragtime ebenfalls für sich beanspruchte. Eine der wichtigsten Persönlichkeiten des frühen „weißen" Jazz, Jack ,Papa' Laine, benannte beispielsweise seine Minstrel-Truppe 1899 in „Jack Laine's Ragtime Band" um. Dauer vermutet, daß Jack Laine und dessen Umkreis nur die Bezeichnung „Ragtime" für ihr Musizieren kannten. Erst 1915 hat Tom Brown für die Musik seiner Band in Chicago den Begriff „Jass" eingeführt, der dann vor allem durch das Wirken der „Original Dixieland Jazz Band" verbreitet wurde. Die Bezeichnung Ragtime ist also in jener Zeit kein Indiz, ob tatsächlich Ragtime gespielt wurde. Daß sich Stilelemente, rhythmische und melodische Eigentümlichkeiten des Ragtime auch im frühen Jazz wiederfanden, mag angesichts der vielfach gleichen Quellen – vor allem europäische Marschmusik – für beide Musizierarten ohnehin kaum verwundern, abgesehen davon, daß Ragtimes von Jazzbands gespielt und in deren Versionen häufig populärer wurden als in den originalen Klavierfassungen (wie der Twelfth Street Rag von 1914). Die Trennung von Jazz und Ragtime, vor allem aber die

Abgrenzung von Ragtime zu anderen populären Tanzformen der Zeit wurde zusätzlich erschwert durch Manipulationen der Verleger, die — um am Ragtime-Boom zu partizipieren — im ausgehenden 19. Jahrhundert ihre alten Quadrillen, Märsche und Jigs unter der Bezeichnung Ragtime neu auflegten. So war einer der ersten, 1897 veröffentlichten Ragtimes, Warren Beebes „Ragtime March", nichts weiter als die Adaption von Franz Liszts 2. Ungarischer Rhapsodie.

Eine wesentliche Unterscheidung läßt sich generell zwischen Jazzformen und dem Ragtime treffen, der nicht nur als Klaviermusik, sondern auch gleichzeitig in orchestrierter Form ab etwa 1870 nachzuweisen ist. Dem Ragtime fehlt die Improvisation des Jazz. Stets waren es auskomponierte Stücke, denen zwar — wie dem Jazz auch — überlieferte Folksongs, Plantation songs, Civil war songs, Märsche, Worksongs und Balladen zugrunde lagen, die dann aber in eine komponierte, stark typisierte, an europäischer Salonmusik orientierte Form gebracht wurden. Den Ragtime-Komponisten kommt damit eine nicht unbedeutende Rolle als nationale Kultur bewahrende Künstler zu. Scott Joplins Song „Sarah Dear" (1905), der von Jelly Roll Morton später als „Buddy Bolden's Blues" adaptiert wurde und zur Zeit seines Erscheinens auch als „The St. Louis Tickle" von Barrey-Seymour im Umlauf war, soll beispielsweise dem Komponisten Virgil Thomson in dessen Kindheit als „river song" in Kansas City bekannt gewesen sein. Newman I. White identifizierte das Stück in seinem Buch „American Negro Folk Songs" (Cambridge 1928, S. 279) als einen Worksong aus der Gegend von Augusta in Georgia und als Streetsong in Statesville, North Carolina. 1899 war der Song außerdem Teil von Ben Harneys „Cakewalk in the Sky". Charakteristisch für den Ragtime ist die Vermischung von Volksmusikelementen mit städtischen, europäischen Musikformen. Als besonderes Stilmerkmal gilt die aus der Tanzmusik der Schwarzen, besonders dem Cakewalk, übernommene Synkope, so in den Formen:

♪♪♩ ♪ ♪   oder   ♪♩ ♩ ♪♩

oder   ♪♪♪♪♪♪♩

Schon bevor die Bezeichnung Ragtime Ende des 19. Jahrhunderts aufkam, wurde das Verb „to rag" (zerreißen) mit afro-amerikanischem Tanz und der ihn begleitenden Musik in Verbindung gebracht. Cable beschrieb die Bamboula auf dem Congo Square und deren Musik mit den Worten, „the rhythm stretches out heathenish and ragged".[25] Die Synkope und das „ragged"-Spiel tauchen auch in dem afro-amerikanischen Tanz auf, der sich seit ca. 1870 als Cakewalk nachweisen läßt, und der über die Minstrelsy dem Ragtime vielfach als kompositorische Vorlage diente.

Nun ist das stark synkopierte „ragged"-Spiel zwar ein Charakteristikum des Ragtime, nicht aber eine Bedingung. In der Frühgeschichte des Ragtime gibt es — auch bei Scott Joplin — Stücke, die ganz auf Synkopierung verzichten oder aber sie auf wenige Takte beschränken. Vielfach orientieren sich Ragtimes nicht nur formal, sondern auch im Rhythmus an Vorbildern der europäischen Tanzmusik: Marsch, Polka, Quadrille. Häufig kommt der 2/4-Takt vor. Stets aber ist ein Ragtime langsam zu interpretieren. Joplin hat selbst in seinen gedruckten Rags die Anweisung gegeben: „Don't play this ragtime fast. It's never right to play ragtime fast." Wichtig ist die Melodik: Motive und Themen aus den im weitesten Sinne als Folkmusic zu bezeichnenden Quellen, von denen meist drei bis fünf in ein streng 16taktiges Formschema mit Binnengliederungen zu Achttakt-Perioden zusammengefaßt werden. An die Stelle von motivischer Entwicklung tritt das Reihungsprinzip mehrerer charakteristischer und getrennter melodischer Segmente. Vielfach haben bestimmte melodische Floskeln Motto-Charakter. Wiederholungen von 16-Takt-Gruppierungen lehnen sich ebenfalls stark an europäische Vorbilder, an Polka und Quadrille, an (häufige AABBA-Form). Typisiert wirken auch die Baßfiguren, Oktavenklänge oder Grundtöne mit nachschlagenden Akkorden, bisweilen Orgelpunkte und Ostinato-Figuren. Manchmal wird die Baßlinie auch als Kontrapunkt zur Melodie formuliert. Oft werden Ragtime-Melodien als Potpourris zusammengefaßt. Meist ist eine Intensivierung gegen Ende der Stücke festzustellen, was Gunther Schuller auch in seinem Arrangement des Maple Leaf Rag berücksichtigt hat: „The music is coming home." Ragtime war nicht der erste und nicht der bedeutendste musikalische Beitrag des schwarzen Amerikas zu einer nationalen Musik. Als komponierte und publizierte Form zu Beginn des 20. Jahrhunderts aber hatte der Ragtime größeren Einfluß auf die Kultur des weißen Amerikas, aber auch auf die „Kunstmusik" Europas, als der frühe Jazz.

Maple Leaf Rag

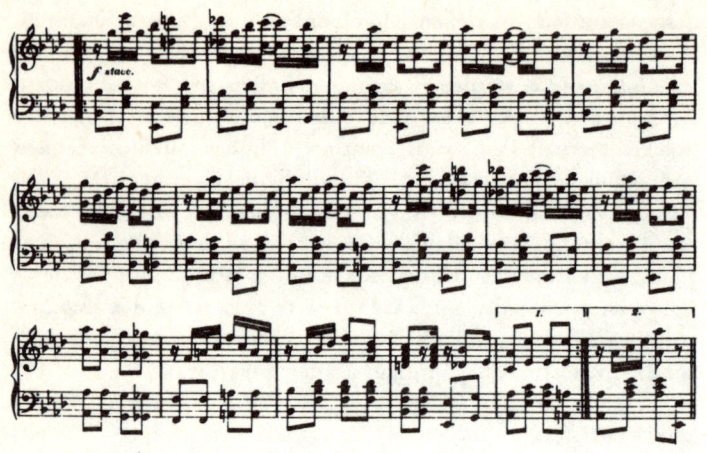

Afro-amerikanische Kunstmusik

Untrennbar mit der Geschichte des Ragtime ist der Name Scott Joplins verknüpft. 1869 in Texarkana im Nordosten von Texas geboren, kam Joplin schon frühzeitig mit Musik in Berührung. Sein Vater spielte Violine, die Mutter Banjo, und alle Familienmitglieder betätigten sich zumindest als Sänger. Als Kind hatte Joplin schon Klavierunterricht bei einem deutschen Lehrer, der ihn mit europäischer Musik und Operngeschichte vertraut gemacht haben dürfte. Joplins „seriöse" Werke wie „Binks' Waltz" (1905) oder der Konzertwalzer „Bethena" (1905) verraten den Einfluß romantischer Klaviermusik von Brahms, Schumann und Chopin. Die eigentliche Inspirationsquelle aber war schon sehr früh im weitesten Sinne die Folkmusic, die Scott Joplin in den Honkytonks und Barrelhouses kennenlernte. Die Musik, die in den schummrigen Kneipen der „red light districts" amerikanischer Städte gespielt wurde, war Unterhaltungsmusik euro-amerikanischer und afro-amerikanischer Tradition, Tanzmusik wie Märsche, Polkas, Twosteps, Cakewalks, Buck Dances, Breakdowns und jegliche Spezies Songs: funktionale Musik, „pre-electric Muzak", wie es William Schafer überspitzt bezeichnet hat, Tanz- und Unterhaltungsmusik der Zeit ohne Radio, Fernsehen und Plattenspieler.[26] Scott Joplin, mit seinem Maple Leaf Rag, dem wohl berühmtesten Ragtime aller Zeiten, als wichtigste Persönlichkeit des Ragtime etabliert, konnte sich unter anderem dank seines Verlegers John Stark, der ihn ganz entgegen damaligem Usus mit Tantiemen am Maple Leaf Rag beteiligte, ab 1900 weitgehend von öffentlichen Auftritten zurückziehen und dem Komponieren widmen. 1902 erschien Joplins „Rag Time Dance", eine Art Folk-Ballett, das in „Wood's Opera House" in St. Louis aufgeführt wurde. Im selben Jahr komponierte Joplin auch seine erste Ragtime-Oper, „A Guest of Honor", die zwar aufgeführt wurde, aber nie im Druck erschien und heute verschollen ist. Beide Kompositionen gelten als Beispiel für das Interesse Joplins, die enge Form des Ragtimes zu verlassen und etwas zu kreieren, was den Ansprüchen von „Kunst" genügen, den Ragtime vom Odium der modischen Tanzmusik befreien konnte. 1911 vollendete er seine Oper in drei Akten, „Treemonisha", die er bezeichnenderweise nicht mehr als Ragtime-Oper deklarierte. Daß das Werk, die Krönung seiner Arbeit, kein Erfolg wurde, hat Scott Joplin bis zu seinem frühen Tod 1917 nicht überwunden. Für ihn war es gleichbedeutend mit dem Eingeständnis, einem Irrweg gefolgt zu sein, denn Zeit seines Lebens hat er die Ragtime-Musik als legitimen Sproß europäischer, „klassischer" Musik angesehen. Damit ist Scott Joplin wohl der erste Afro-Amerikaner, der, aus der Unterhaltungssphäre hervorgegangen, seine stark folkloristisch geprägte Musik als Kunstmusik schuf, lange bevor im Bebop der Jazz endgültig seine historische Bindung an den Amüsierbetrieb aufkündigte. Die Oper Treemonisha wurde in einer privaten Aufführung erst 1915 in Harlem aufgeführt, ohne Orchester, nur mit Joplin am Klavier, ohne Kostüme, ohne Bühnenbild. 55 Jahre nach Joplins Tod wurde das Werk wiederentdeckt. 1972 erst fand eine operngemäße Aufführung im Morehouse College von Atlanta statt. Carman Moore weist Treemonisha nicht zu Unrecht einen Platz neben Gershwins „Porgy and Bess", Weills „Mahagonny" und Delius' „Koanga" zu. In dieser Mixtur aus Ragtime, Minstrelsy, europäischer „Kunstmusik" und amerikanischer Folkmusic — durch einen Text verbunden, der fast eine Vorkämpfer-Attitüde mit dem Motto „Gleichheit durch Erziehung" präsentiert — könnte Women's Liberation und Black Power Movement gleichermaßen das Werk eines Pioniers sehen.[27] Wie Joplin in diesem Werk das afro-amerikanische Erbe mit europäischem Kunstideal zu vereinen suchte, mag ein Zitat aus der Nr. 10 der Oper, „Confusion", verdeutlichen, einer genialen, sich auf keine Vorbilder stützenden Avantgarde-Notation, in der die Shouting-Technik der Worksongs, des Blues und der Spirituals künstlerisch stilisiert wurde.

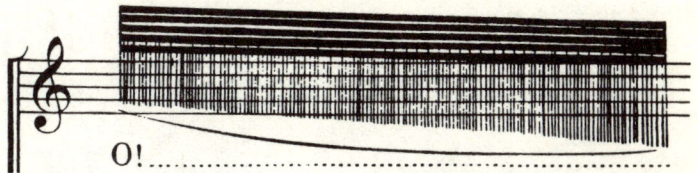

In ähnlicher Weise ist „A Real Slow Drag" als Schluß-Apotheose der Oper zu einem zwischen Cakewalk und Ecossaise lavierenden Gesellschafts- und Kunsttanz stilisiert worden, mit einer an Schubert erinnernden Einleitung und Chopin'schen Schlußakkorden.

"A Real Slow Drag"

Blues
Country Blues

Big Bill Broonzy, der Mann, der in einem Buch — für einen Bluessänger seltsam genug — die „Wahrheit über den Blues" schreiben wollte und der dann (vermutlich) die Wahrheit über Big Bill Broonzy schrieb, hat seinem Biographen Yannick Bruynoghe eine kleine Geschichte erzählt: „A lot of peoples think that the Negroes from the South and born in Mississippi don't know how old they is. But that's wrong: my mother and father can't forget the year I was born because there was a terrible flood in 1892 and I was born in 1893. And not only that: there was two of us born the same day, me and my twin sister. Most of the Negroes was born when something had happened the year before or the year after or the same year." (Bruynoghe, S. 32/33). Big Bill Broonzys Lebengeschichte ist das Psychogramm eines Blues-Interpreten, das man näher zu erläutern zögert. Man ist — bei der Beschäftigung mit dem Blues im besonderen — stets in Gefahr, den eigenen sozialen Standpunkt auf den der Afro-Amerikaner zu übertragen und überzuinterpretieren. Ist das Zitat von Big Bill Broonzy ein Beispiel dafür, wie sehr die Schwarzen die ihnen von Weißen attestierte Inferiorität verinnerlicht haben, so daß sie ein prominentes Datum brauchen, um ihren eigenen unwichtigen Geburtstag zu memorieren? Oder ist es Ausdruck einer vollkommen anderen Einstellung zu Lebensabläufen, die weniger abstrakt regelhaft vorgestellt werden wie die der Euro-Amerikaner? Oder kommt hier schließlich ein gebrochenes Bewußtsein zum Ausdruck, das sich gegen die Vorstellung von den primitiven Schwarzen, die nicht einmal ihr Geburtsdatum kennen, verwahren möchte und mit der Antwort das Vorurteil (scheinbar) bestätigt?

Bei der Beschreibung des Blues werden häufig zwei Wesenszüge erwähnt, die grobe Verallgemeinerungen darstellen. Das eine Merkmal bezieht sich auf die harmonisch-formale Gestaltung des Blues, das andere auf seinen Aussagegehalt. Wenn vom Zwölftaktschema des Blues mit seiner Gliederung in drei Gruppen zu je vier Takten auf der harmonischen Basis von

Tonika, Subdominante und Dominante (TTTT SSTT DDTT) gesprochen wird, darf nicht vergessen werden, daß dies eine äußerlich-formale Standardisierung in der Spätphase der Bluesentwicklung darstellt. Es gibt Blues-Kompositionen von acht, zehn, zwölf, sechzehn und zwanzig Takten, es gibt darüber hinaus Formen, die auf die Subdominante oder die Dominante ganz verzichten, gar nicht zu reden von den Substitutionsharmonien, die eingeführt werden können. Vor allem aber ist für die formale Gestaltung im Blues nicht einmal so sehr dieses harmonische Konzept wesentlich, vielmehr die improvisierte Text- und Melodiegestaltung, die Dauer als „Bluesstimmenablauf" bezeichnet (Dauer 1961, S. 34 f.). Hervorgegangen aus dem afrikanischen beziehungsweise afro-amerikanischen Ruf-Antwort-Prinzip und in seiner ursprünglichen Form ein unbegleiteter Sologesang, wurde im Blues die harmonische Basis, besonders die im afrikanischen Musizieren unbekannte Leittonfunktion der Dominante, erst später als ein wichtiges zusätzliches oder verstärkendes Gestaltungsmittel übernommen, das die Grundformung von Akklamation und respondierender Schlußzeile aber keineswegs bedingt. Das bedeutet, wesentlicher als die spätere harmonische Basis ist für den Blues die ursprüngliche Form in Anrufung, Wiederholung der Anrufung (zum Teil — verstärkend — auf einer anderen harmonischen Stufe) und Beantwortung (die im archaischen Blues auf der gleichen harmonischen Stufe, später subdominantisch, und erst im klassischen Blues dominantisch erfolgte).

Das zweite Mißverständnis betrifft den Stimmungsgehalt des Blues, den „tiefen Weltschmerz der Schwarzen". Dauer hat diese Vorstellung plakativ mit der Charakterisierung des Blues als einer „Klage, die nicht traurig ist" korrigiert. Die für den Blues und auch für Jazzimprovisationen charakteristischen „Blue notes" haben ihren Ursprung in dem diatonischen Tonsystem vieler afrikanischer Musikformen, deren Tonschritte nur etwa sieben Achtel des europäischen Ganztons entsprechen und die von Hornbostel als „neutrale" Intervalle bezeichnet wurden. Übertragen auf das europäische temperierte System sind die „Blue notes" zur kleinen Terz und kleinen Septime in der Dur-Tonalität geworden, eigentlich aber liegen sie zwischen großem und kleinem Intervall. Die „Blue-notes" mögen zwar europäischen Ohren als „traurig" im Sinne einer Moll-Stimmung vorkommen. Konsequenterweise müßte dann aber die meiste afrikanische Musik ebenfalls diesen Eindruck hervorrufen. — Auch von den Texten her gibt es wenig Grund, den Blues pauschal als die große Klage zu apostrophieren. Dauer kommt aufgrund umfangreicher Textanalysen zu dem Schluß, daß der Blues zu einer Kunstgattung gezählt werden muß, die von den Sklaven importiert wurde: afrikanische Verspottungs- und Anprangerungsgesänge, in denen man sich mit sozialen Begebenheiten auseinandersetzt, und zwar oft in Beschwörungsform: „Auch er (der Blues) beschwört, setzt sich mit den Beschwernissen des Lebens auseinander. Seine emphatische Erregung, die Anrufungen, die Nachdrucksverstärkung, die blue notes sind nicht traurig, weil er gar keine Klage ist. Er ist Anklage, ist Anprangerung, verspottet, verhöhnt. Er ist die Bewältigung alles dessen, wovon er singt" (Dauer 1961, S. 52). In diesem Zusammenhang macht Levine darauf aufmerksam, daß in afrikanischen Volksstämmen die Funktion von Musik, Erzählungen und Spielen in der Erhaltung der Gemeinschaft gesehen wurde, unter anderem aber gerade dadurch, daß den Mitgliedern des Verbandes Gelegenheit gegeben wurde, zumindest symbolisch die unabänderlichen Einschränkungen ihres Lebens zu transzendieren. William Bosman, ein holländischer Reisender, der von 1688 bis 1702 an der Goldküste gelebt hat, berichtet in diesem Sinne von Festlichkeiten, in denen das Schimpfen gegen die Obrigkeit regelrecht institutionalisiert wurde: „In which time a perfect lampooning Liberty is allowed, and Scandal so highly exalted, that they may freely sing of all the Faults, Villanies and Frauds of their Superiors as well as Inferiors without Punishment, or so much as the least interruption."[2][8] Ähnliche rituelle Beschimpfungsmöglichkeiten als Ventil für aufgestaute Aggressionen sind auch von Anthropologen in späteren Berichten von Ashanti-Zeremonien erwähnt worden.

Es gibt mittlerweile zahlreiche Blues-Anthologien auf Schallplatten. Wenn hier der „James Alley Blues" von Rabbit Brown herausgegriffen wird, so deshalb, weil er vom Text wie von der Form und der Interpretation her zu den klassischen Country Blues-Stücken gehört: in zwölftaktiger Form mit Akklamation (vier Takte Tonika), Wiederholung dieses „Zurufs" (zwei Takte Subdominante, zwei Takte Tonika) und Antwortzeile (zwei Takte Dominante, zwei Takte Tonika). Den Strophen, die immer wieder leicht variiert werden, geht ein vollständiger Instrumental-Chorus (eben das zwölftaktige Grundschema) voraus. Beachtung verdient in seiner Interpretation der intensivierende Achtelnoten-Beat der Gitarrenbegleitung und die ständige expressive Abwandlung der Grundmelodie mit dramatischen Steigerungsmomenten, beispielsweise durch die Repetition des oktavierten Grundtones in der ersten Verszeile der 3. und 4. Strophe, die fast in Shout-Technik herausgeschleudert werden.

(Richard) Rabbit Brown wurde um 1880 in der James Alley von New Orleans geboren und war dort vor allem als Straßensänger bekannt. Die James Alley, die er in seinem berühmtesten Blues besingt, liegt zwischen den Stadtteilen Perdido und Gravier und war ehemals — wie Charters berichtet — als das „Schlachtfeld" bekannt, weil sich dort die Fans der verschiedenen New Orleans Brass Bands handgreifliche Auseinandersetzungen lieferten.[29] Auch Louis Armstrong kommt aus der James Alley. Charters erzählt, Rabbit Brown sei offenbar in den Salons des Redlight Districts sehr beliebt gewesen, wegen seines großen Repertoires, aber auch wegen seiner Fähigkeit, über die Kunden im Salon kleine Lieder aus dem Stegreif zu improvisieren. Nachdem der District 1917 geschlossen wurde, war auch Rabbit Brown die wichtigste Existenzgrundlage entzogen. Im Gegensatz zu vielen professionellen Musikern aber verließ er die Stadt nicht. Daß die Zeiten früher besser waren, davon handelt auch Browns James Alley Blues — und von dem Bluesthema Nummer Eins, dem schwierigen Verhältnis zwischen den Geschlechtern. Rabbit Brown starb 1937 in New Orleans.

Times ain't now nothing like they used to be
Oh, times ain't now nothing like they used to be,
And I'm telling you all the truth, oh, take it from me.

I done seen better days, but I ain't putting up with these,
I done seen better days, but I ain't putting up with these,
Now I'd have a much better time but these girls now they're so hard to please

'Cause I was born in the country she thinks I'm easy to rule,
'Cause I was born in the country she thinks I'm easy to rule,
She try to hitch me to a wagon, she want to drive me like a mule.

You know, I buy the groceries, an I pay the rent,
I buy the groceries, and I pay the rent,
She tried to make me wash her clothes, but I got good common sense.

Baby, if you don't want me, why don't you tell me so?
You know, if you don't want me, why don't you tell me so?
Because I ain't like a man that ain't got nowhere to go.

I've been giving you sugar for sugar, let you get salt for salt,
I've been giving you sugar for sugar, let you get salt for salt,
And if you can't get 'long with me, well, it's your own fault.

How you want me to love you and you treat me mean,
How do you want me to love you, you keep on treating me mean,
You're my daily thought and my nightly dream.

Sometime I think that you're too sweet to die,
Sometime I think that you're too sweet to die,
And another time I think that you ought to be buried alive.

Big City Blues

Was ist Blues? Eine Form? Ein Stil? Ein Gestus im Sinne Bert Brechts, das heißt eine Gesamthaltung? Nehmen wir die rationale Definition von Alfons Dauer — Blues ist eine volkstümliche weltliche Gesangsform der nordamerikanischen Neger, entstanden in den Südstaaten um die Mitte des vorigen Jahrhunderts aus mehreren Altformen der Sklavenzeit — und die eher emotionale Leonard Feathers — Blues ist die Essenz des

Jazz. Besonders im frühen Jazz hat der Blues eine wichtige Rolle gespielt. Blueskompositionen dienten Jazzmusikern als Repertoire, Bluesinterpreten ließen sich von Jazzmusikern begleiten. Über den Einfluß, den die Artikulationstechnik der Bluessänger auf die Phrasierungsweise von Jazzinstrumentalisten ausübte, besteht ebensowenig Zweifel wie über das Fortwirken bestimmter Blueselemente — beispielsweise der Blue notes und des Ruf-Antwort-Prinzips — in den verschiedenen Stilarten der Jazzgeschichte.

Bessie Smith gehört zu den herausragenden Sängerinnen des klassischen Blues („The Empress of the Blues"). Sie wurde vermutlich 1894 in Chattanooga, Tennessee, geboren und begann ihre Karriere in Fats Chappelle's „Rabbit Foot Minstrels"-Gruppe, aus der auch ihre Lehrmeisterin Ma Rainey hervorgegangen ist. Von 1919 an trat sie als Sängerin und Tänzerin in ihrer eigenen Show „Liberty Belles" auf. Erste Schallplattenaufnahmen machte sie bereits 1922, die aber nie veröffentlicht wurden. Sie gehörte zu den höchstbezahlten Künstlern der damals weitverbreiteten Revues und Zeltshows, die sich auch eine eigene Begleitband leisten konnte. Von 1923 bis 1933 machte sie regelmäßig Schallplattenaufnahmen in New York. Bessie Smith starb 1937 in der Nähe von Darling, Mississippi, bei einem Autounfall.

Bessie Smiths eminente historische Position leitet sich zum einen von ihrem hochdramatischen und differenzierten Vortragsstil mit ausgefeilter Diktion ab, zum anderen von dem Umstand, daß sie (neben Ma Rainey) zu den ersten Sängerinnen gehörte, die den Blues kraft ihrer Persönlichkeit und ihres Wirkens vom Odium ländlicher Folklore von Gelegenheitsmusikern befreiten und zu einer urbanen Kunstform transformierten. Darüber hinaus kommt ihr das Verdienst zu, den frühen Jazz und die Bluespraxis miteinander verbunden zu haben. So gilt sie auch als die erste bedeutende Jazzsängerin der Geschichte.

Ihr „Yellow Dog Blues" von W. C. Handy wird hier in Ergänzung zum klassischen Country Blues von Rabbit Brown als ein Beispiel für diese Integration des Blues in die Jazzpraxis (und umgekehrt) zitiert.[30] Begleitet wird Bessie Smith von Mitgliedern des Orchesters von Fletcher Henderson, namhaften Jazzmusikern der Zeit. Die Komposition ist auch im Hinblick auf die Modifikationsmöglichkeiten des Bluesschemas interessant. Spannungssteigernd wirkt bereits die Generalpause im achten Takt des Vorspiels vor Eintritt des im Tempo leicht retardierten Gesangs. Bessie Smith singt fünf Chorusse (fünf Strophen zu je zwölf Takten), von denen der dritte besonders auffallend ist, weil hier eine ungewöhnliche Modulation über die Doppeldominante in die Dominanttonart erfolgt (im 9. Takt dieses Chorus = 41. Takt des Musikbeispiels). Damit wird eine sonst ganz gewöhnliche Bluesstrophe im Sinne eines damals für populäre Songs üblichen „Verse" umfunktioniert, der auch harmonisch (durch Dominantseptimakkord-Reihung) zum „Refrain" hinführt. Diese Mischform aus Bluesstrophe und Verse-Refrain-Schema zeigt, wie W. C. Handy mit wenigen typisierenden Kunstgriffen das Material aus der Folklore zu einem gängigen Popularstück umformte. Man findet hier außerdem wie in vielen Jazz- und Blues-Kompositionen eine Technik, das Vorspiel mit melodischen oder harmonischen Motiven aus der eigentlichen Komposition zu gestalten („Ouvertüren-Charakter"). So erscheint beispielsweise der Unterterz-Akkord der Einleitung (dritter Akkord des Stückes auf dem dritten Grundschlag des 2. Taktes) noch einmal im zweiten Thema (im vierten und fünften Chorus, und zwar jeweils im 2. Takt des Chorus = 46. bzw. 58. Takt des Musikbeispiels). Im ersten Thema (Strophe 1 und 2) wird, wie häufig im Blues, die Tonika mit der kleinen Septime erweitert (Blue note-Harmonisierung). Die Instrumentalbegleitung übernimmt an Stellen von vokalen Haltetönen und Pausen die Führung, beziehungsweise beantwortet instrumental die vokalen Phrasen, eine Technik, die für den frühen Jazz typisch ist. Die Gesangstechnik von Bessie Smith zeigt im übrigen deutlich, wie die Bluessänger variativ mit Silben arbeiten, das Versmaß der Textvorlage völlig unbedeutend ist. Der Text wird auf ein jeweils gleiches Maß von betonten Silben hin interpretiert, denen verschieden viele unbetonte zugeordnet werden und so dem Vortrag den Eindruck von Einheitlichkeit und gleichzeitig Variabilität verleihen. Gerade in solchen Interpretationsformen zeigt sich das Können eines Bluessängers.

1. Thema
a. Ever since Miss Susy Johnson lost her Jockey Lee, there has been
    much excitement, more to be;
    You can hear her moaning, moaning night and morn'.
    She's wonder where Easy Rider's gone?

b. Cablegram goes of inquiry, telegram goes of sympathy
    Letters came from down in Bam, everywhere that Uncle Sam
    He's a ruler of delivery.

,,Verse"
    All day the phone rings, it's not for me
    At last good tidings fills my heart with glee,
    This message came from Tennessee.

2. Thema
a. Dear Sue, your Easy Rider struck this burg today,
    On a southbound rattler beside a Pullman car.
    I've seen him there an' he was on the hog.

b. All you Easy Riders got to stay away,
    We had to vamp it but the hike ain't for.
    He's gone where the Southern cross' the Yellow Dog.[31]

Geschichte des Jazz

New Orleans Jazz

In der Geschichte des Jazz nimmt die Stadt New Orleans eine hervorragende Position ein. Zwar ist die Anschauung, daß nur hier der Jazz sich entwickelt hat und gewissermaßen als klingendes Frachtgut auf den Riverboats den Mississippi aufwärts in die anderen Städte gelangte, als „New Orleans Legende" überwunden. Aber die führende Rolle der Stadt in der Frühgeschichte des Jazz bleibt unbestritten. Gründe für die Sonderstellung von New Orleans innerhalb der Vereinigten Staaten sind schon bei der Beschreibung der Musik Louis Moreau Gottschalks angeführt worden: Liberale Rassengesetzgebung während der französischen und spanischen Kolonialzeit, freizügiger romanischer Lebensstil (im Vergleich zum anglo-amerikanisch protestantischen der nordöstlichen Staaten), der die Atmosphäre der Stadt bestimmt hat und auch die Situation für die Schwarzen erträglicher machte, sowie ein eminenter Einfluß französisch-europäischer Kultur. Das alleine wäre allerdings keine hinreichende Erklärung für den frühzeitigen qualitativen Sprung in New Orleans von afro-amerikanischen Musizierweisen zu dem, was wir heute als Jazz bezeichnen. Eine interessante Theorie über den Beginn des Jazz liefert Ernest Borneman, der sich besonders mit der kreolischen Tradition beschäftigt hat. Ausgehend von der Prämisse, daß die Musik Afrikas und Europas Varianten eines Idioms sind, welches sich als eine gemeinsame mittelmeerische Kultur verstehen läßt, die ihren Ursprung in prä-mediterranen Zeiten hat, ist für Borneman das Aufeinandertreffen afrikanischer Musik der Sklaven und europäischer Musik der Franzosen und Spanier in New Orleans nicht wirklich eine Konfrontation, sondern praktisch eine „Wiedervereinigung" zweier verwandter Spielarten. Die afrikanischen Sklaven entdeckten Gemeinsamkeiten in der Musik der französischen und spanischen Siedler, aber wenig vertraute Formen in der Musik der anderen Europäer: „While Anglo-Saxon music showed only harmonic similarities to African music, the music of the French, Spanish and Portuguese settlers also showed similarities in the handling of rhythm and timbre. The slaves thus found it easier to assimilate the latter than the former, and this means that

Creole music had a head-start over the development of spirituals, blues and other forms of Anglo-African music."[32] Ernest Borneman überschätzt in seiner Studie allerdings die weiter oben erwähnten „kreolischen Kompositionen" Louis Moreau Gottschalks, wenn er in ihnen die Wurzeln jener Musik angelegt sieht, die als Bindeglied zwischen der afrikanischen der Place-Congo-Riten und dem afro-amerikanischen Jazz der Buddy Bolden Band, der „ersten Jazzband", fungieren können. Gottschalks Werke sind in der weißen Musik Amerikas (und offenbar auch in der schwarzen) konsequenzlos geblieben. Erst um die Jahrhundertwende tauchen — ohne Bezug zu Gottschalk — afrikanische und afro-amerikanische Elemente in Kompositionen des weißen Amerikas auf.

Zustimmen muß man Borneman, wenn er die Vorstellung, Jazz sei urplötzlich dem Instrument Buddy Boldens entsprungen, in den Bereich von Legenden verweist. Es muß unter den Kreolen und den Schwarzen von New Orleans eine musikalische Tradition gegeben haben, die auf jazzmäßiges Musizieren hinführte und sich heute nicht mehr exakt dokumentieren läßt. Für die Entstehung des frühen Jazz in New Orleans macht Dauer drei Vorgänge verantwortlich: die Verschmelzung der südlichen Negerkultur mit jener der Kreolen, die Entstehung der Tanzkapellen beim Aufstieg von Storyville und schließlich die Ausbreitung von Ragtime und Blues (Dauer 1961, S. 78). Ausgelöst wurde die Vermischung von kreolischer Kultur mit der der Schwarzen durch eine Rassengesetzgebung, mit der die bis 1889 einen Sonderstatus einnehmenden Kreolen, die nicht als Schwarze galten, vielfach gleiche Rechte wie die Weißen hatten und oft auch zu der wohlhabenden Bürgerschicht gehörten, als „colored people" auf die soziale Ebene der übrigen schwarzen Bevölkerung zurückgestuft wurden. Die Vorgänge, die dazu führten, daß Schwarze fast sehnsüchtig auf die guten alten Sklavenzeiten zurückblickten und in Bunk Johnsons emphatischen Ausspruch „Discrimination came in 1889" einstimmten, müssen im Zusammenhang mit den ökonomischen Umschichtungen gesehen werden, die durch die Sklavenbefreiung nach dem Sezessionskrieg entstanden sind. Zum „Problem" wurden — wie das Dauer anschaulich beschrieben hat — die Schwarzen nämlich erst nach der Aufhebung der Sklaverei, nachdem es gewissermaßen einen freien Arbeitsmarkt gab, auf den die Schwarzen drängten, und durch den sie zur Konkurrenz der weißen Farmer und Arbeiter werden konnten (Dauer 1961, S. 49). Der Niedergang des Agrarsystems im Süden wurden den Schwarzen angelastet. Der Ausspruch von Tom Watson, dem Führer der People's oder Populist Party (einer politischen Allianz zwischen Schwarzen und armen Weißen), als er 1890 mit Hilfe der Schwarzen in den Kongreß gewählt worden war, ist eindeutig: „No matter what direction progress would like to take in the South, she is held back by the never failing cry of ‚nigger'."[33]

In dem berühmten Prozeß „Plessy gegen Ferguson" von 1896 erreichte eine pervertierte Demokratie ihren Höhepunkt. Vom Obersten Gerichtshof wurde die zuvor immer noch illegale Rassentrennung mit der „Separate but equal"-Doktrin endgültig sanktioniert. Die Trennung zwischen „farbig" und „weiß" wurde bis zum Exzeß praktiziert, die Gleichheit blieb Utopie: „Altogether, the thirty years from 1890 to 1920 were the darkest for the dark people of America" (Morison, S. 109; Anm. 33).

Die Entrechtung der Kreolen führte in New Orleans zu einem engen Kontakt zwischen den in klassischer französischer Tradition ausgebildeten kreolischen Musikern und den auf ihr afro-amerikanisches Erbe bauenden Schwarzen. Was das für die Praxis bedeutete, hat der Klarinettist Alphonse Picou in einem Interview mit Marshall Stearns geschildert. Als Schüler eines Musikers der französischen Oper von New Orleans hatte er eine fundierte klassische Instrumentalausbildung erhalten, war aber völlig hilflos, als er bei der Jazzsession, zu der ihn ein Freund einlud, vor das für ihn neue Problem gestellt wurde, in Phrasierungs- und Rhythmisierungstechnik des Jazz zu improvisieren (Stearns, S. 65).

Der zweite Vorgang, den Dauer erwähnt und der die Entwicklung zum Jazz förderte, waren die sich vor der Jahrhundertwende stetig ausbreitenden Vergnügungsstätten und Tanzhallen in New Orleans, die 1897 auf Betreiben von Sidney Story auf zwei „redlight districts" konzentriert wurden, von denen der „down-town"-District um Rampart- und Basin Street als Storyville bekannt geworden ist. Damit erst war die ökonomische Basis geschaffen für ein blühendes Berufsmusikertum.

Schließlich wurde — als letzte Stufe — um die Zeit des Auftretens von Buddy Bolden die Stegreiftechnik der Melodiebildung aus dem vokalen Blues auf das Instrumentalmusizieren übertragen.

King Oliver, Freddie Keppard, Jelly Roll Morton — einige der bedeutendsten New Orleans-Musiker — gehören schon der zweiten Generation von Jazz-Instrumentalisten an und begannen erst 1923, Schallplatten aufzunehmen. Wie ihre Musik geklungen hat, bevor es zur Schließung von Storyville beim Kriegseintritt der Vereinigten Staaten im Jahre 1917 kam und bevor die Musiker allmählich New Orleans verließen, um vor allem in Chicago eine neue Wirkungsstätte zu finden, dürfte sich kaum mehr gesichert mitteilen lassen.[34] Mit großer Wahrscheinlichkeit wird die Spielweise eines King Oliver der Creole Jazz Band von 1923 nicht mit der des Mitgliedes der Onward Brass Band oder der Olympia Band von A. J. Piron in New Orleans vor dem Ersten Weltkrieg deckungsgleich gewesen sein. Allzu simpel wäre es auch, die Musik, wie sie noch in New Orleans selbst bis 1917 gespielt wurde, über einen retrospektiven Kamm zu scheren. Es muß — wie Schuller mitteilt — offenbar einen großen Unterschied zwischen der Musik des Uptown-Districts gegeben haben, der rauher und blues-orientierter beschrieben wird im Vergleich zur eher weicheren „Creole Music" von Downtown.[35] Zudem war die Spielweise abhängig vom Anlaß und der jeweiligen Funktion der Musik. Souchon beschreibt beispielsweise King Olivers Spiel im „Big 25" von Storyville als „hardhitting, rough and ready, full of fire and drive", den Stil bei späteren Auftritten im Tulane-Gymnasium zu Tanzveranstaltungen als „more smooth . . . adapting to the white dances more and more" und die Musik in Chicago: „Oliver had completely lost his New Orleans sound."[36] Man sollte sich dieser Differenzierungen — auch wenn sie heute mangels gesicherter Klangquellen nicht mehr hörend nachvollziehbar sind — stets bewußt sein. Und man sollte bei aller notwendigen Typologisierung bedenken, daß Jazz von Beginn an eine Musik gewesen ist, die in ihrem improvisatorischen Charakter mehr als jede andere Musik von der einzelnen Musikerpersönlichkeit geprägt wurde. King Olivers „Dippermouth Blues", eine seiner berühmtesten Kompositionen und Aufnahmen, enthält eine Reihe von Merkmalen, an denen sich das Wesen des Jazz jener Zeit und der New Orleans-Spielweise demonstrieren läßt. Vergleicht man das Stück mit den oben beschriebenen Ragtimes und Märschen, so fällt vor allem eine rhythmische Spannung auf, die sich nicht aus Synkopation ergibt, sondern aus einer Art zu phrasieren, die mit den Begriffen Off-beat und Swing gekennzeichnet wird. Off-beat meint eine Spielweise, die die Töne nicht auf den Grundschlag bringt, sondern leicht verzögert oder antizipiert „weg vom Grundschlag" setzt.

Von der Synkopation unterscheidet sich das Off-beat-Phänomen insofern, als Synkopation immer auf den Grundschlag bezogen bleibt, die nicht-synkopierten Teile davon nicht tangiert werden, während die Offbeat-Phrasierung als eine rhythmische Schicht über und gegen die Grundschlagstruktur begriffen wird. Der Musiker spürt die Grundstruktur in Taktschwerpunkten und setzt die seines melodisch-rhythmischen Spiels dagegen: „ Die Anwendung der off-beat-Technik in der Melodik des Jazz führt zu einem charakteristischen Schwungeffekt dieser Musik, für den die sinnfällige Bezeichnung ‚swing' . . . gebräuchlich geworden ist." (Dauer 1961, S. 340). Typisch für den New Orleans Jazz ist auch die Instrumentation des „Dippermouth Blues" mit 2 Kornetts, Klarinette, Posaune, Klavier, Banjo, Schlagzeug und (hier fehlendem) Baß. Improvisiert wird in einer Art dialogisierender Mehrstimmigkeit durch die Bläser, während die Rhythmusgruppe, zu der auch das Klavier zählt, eine untergeordnete Rolle spielt. Zwar führt gewöhnlich das Kornett, aber die anderen Bläser sind keine Begleitinstrumente. Sie antworten dem Kornett in spontanen melodischen Linien, analog zum instrumentalen Kommentar auf die Zeilen eines Bluessängers. Insofern unterscheidet sich das Musizieren in den Jazzbands nicht unwesentlich von dem heterophonen Musizieren der Streetbands des archaischen Jazz, bei denen alle Instrumente gleichzeitig eine Variante der Grundmelodie spielen. Typisch ist auch das stets im Hintergrund gleichbleibend kollektive Spiel, selbst wenn das Kornett quasisolistisch hervortritt. Soli sind im klassischen New Orleans Jazz ohnehin nicht das Wesentliche. Entscheidend bleibt das polyphone Zusammenspiel. Interessant ist das Stück außerdem wegen einiger hier angewandter Techniken, die man im New Orleans Jazz häufig antrifft: Stomping, Stop-time und Break.

Der „Dippermouth Blues" ist auch unter der Bezeichnung „Sugar Foot Stomp" bekannt geworden, wodurch die Technik des Stomping gewissermaßen thematisiert wurde. Dem Stück liegt ein gleichbleibendes rhythmisches Muster zugrunde, ein sogenanntes Stomp-Pattern, das stets wiederkehrt, nur tonal variiert wird: ♩ ♩ ♪♩ ♩ . Entsprechende Techniken der Gestaltung findet man im afrikanischen Musizieren; Stomp gilt auch als Bezeichnung für einen afro-amerikanischen Tanz, dem entsprechende Modelle zugrundeliegen. In Analogie zur isorhythmischen Motette europäischer Kunstmusik des 14. und 15. Jahrhunderts spricht Dauer hier auch von einem isorhythmischen Verfahren, was allerdings nicht ganz berechtigt ist. In der europäischen Isorhythmie wird ein melodisches Muster (color) einem rhythmischen Muster (talea) gegenübergestellt. Durch die verschieden langen Strukturen von color und talea kommt es ständig zu neuen Rhythmisierungen der gleichbleibenden Melodielinie und neuen melodischen Wendungen innerhalb des gleichbleibenden Rhythmusabschnitts. Beim „Stomping" aber liegt dem Stück eine rhythmische Formel zugrunde, die improvisatorisch in eine stets neu erfundene Melodie eingelegt wird. Das zweite Verfahren, das sich beim „Dippermouth Blues" studieren läßt, ist die Stop-time-Technik im dritten und vierten Chorus. Die Klarinette improvisiert gewissermaßen solistisch, während die anderen Instrumente den durchlaufenden Rhythmus und ihre lienare melodische Erfindung unterbrechen, in diesem Musikbeispiel allerdings zusätzlich die ersten 3 Grundschläge jedes Taktes akkordisch betonen. Auf diese Weise wird in besonderem Maße das Augenmerk auf den Solisten gelenkt.

Ähnlich spannungssteigernd wirkt der Break, ein vollständiges Unterbrechen der Musik, während ein Musiker eine verbale Aufmunterung einstreut, bis dann schließlich der letzte Chorus aufgenommen wird. (Stoptime und Break werden häufig nicht unterschieden, d. h. sie verhalten sich zueinander wie Technik und formales Mittel.) Dem Stück liegt im übrigen in den Kollektiv-Chorussen das 12-taktige Blues-Schema zugrunde, während in den beiden Stop-time-Chorussen ein modifiziertes Blues-Schema als Basis dient, mit der Subdominante im zweiten Takt und einer Septimakkordreihung im Quintenzirkel ab Takt acht des jeweiligen 12-Takt-Schemas, bis die Tonika im Takt elf erreicht ist.

Wie weit sich der New Orleans Jazz während der „Emigration seiner Musiker" nach Chicago entwickelt hat, kann schon beim Vergleich der King Oliver-Aufnahme von 1923 mit der von Louis Armstrongs „Hot Seven" von 1927 demonstriert werden. King Olivers Creole Jazz Band — obwohl vermutlich auch nicht mehr in dem urwüchsigen Stil des frühen, in den Redlight-Districts gespielten New Orleans Jazz angesiedelt — ist doch eine Formation, die das oberste Prinzip dieser Musik, die kollektive Ensembleleistung in den Vordergrund stellt: Kollektivimprovisation in einer fast hermetischen Abgeschlossenheit, mit einem stets präsenten Originalthema. Gunther Schuller hat den Stil analytisch-metaphorisch so umschrieben: „It sums up . . . all that went into the New Orleans way of making music: its joy, its warmth of expression, its Old World pre-war charm, its polyphonic complexity, its easy relaxed swing as heady as a hot summer night in New Orleans, its lovely instrumental textures, and its discipline and logic. Thus Oliver's musical vision contained the seeds of its own demise: in perfecting and ritualizing the ideals of a just bygone era, it wrote its own death sentence." (Gunther Schuller, Early Jazz, S. 77). Louis Armstrong hatte sich 1924 von King Oliver getrennt, nicht zuletzt deshalb, weil er als zweiter Kornettist kaum künstlerische Möglichkeiten für sich sah. Armstrong hat sich dann in der Zeit von 1924 bis 1928 nicht nur selbst als Musiker entwickeln können, er ist in dieser Zeit zu einer führenden Persönlichkeit des Jazz geworden, und — nicht zuletzt — er hat die Musik selbst verändert. Gerade seiner „Hot Five"-Band, einer Gruppe, die eigens für Schallplattenaufnahmen zusammengestellt worden war und nie außerhalb des Studios aufgetreten ist, hat der Jazz seine wachsende Popularität und seine Reputation als eine ernstzunehmende künstlerische Aktivität zu verdanken. Während die Hot

Five-Aufnahmen noch zwischen dem kollektiven Ensemblestil des frühen New Orleans-Jazz und einem neuen Solostil schwanken, ist das, was von der Hot-Seven-Formation gespielt wurde, zumindest formal bereits einem anderen Ideal verpflichtet: nicht mehr Klangblöcke, sondern durchsichtige Gestaltung mit ausgedehnteren solistischen Partien. Das neue Musizieren läßt sich schon an der Besetzung erkennen: mit einer Tuba, die in der stärker harmonisch intendierten Musik das Baßfundament liefert und einem dreistimmigen Bläsersatz, ohne Doppelung der führenden Kornett-Stimme wie bei Oliver.

Von Louis Armstrongs „Willie the Weeper" hat Alfons Dauer eine Transkription angefertigt, die anschaulich die Technik der dialogisierenden Mehrstimmigkeit des New Orleans Jazz vorstellt: melodieführende Trompete mit teilweise parallelgeführter Posaune, die sich erst allmählich zu einem antwortenden Instrument emanzipiert, eine kontrapunktierende Klarinette, die die Ruf-Antwort-Praxis durch Fortführung der Trompetenphrasen extensiv ausnutzt und einer komplexen Rhythmusgruppe, zu der wie in jener Zeit noch üblich, auch das Klavier gehört (Dauer 1958, S. 270 f.).

WILLIE THE WEEPER
1. Chorus

Das Kollektivspiel wird bei „Willie the Weeper" gleich im zweiten Chorus von zum Teil nur durch Rhythmusgruppe begleiteten Soli abgelöst. Was diese Aufnahme bemerkenswert macht, ist die Tatsache, daß — bei allen formalen und konzeptuellen Neuerungen — das Klangideal des New Orleans Jazz verbindlich geblieben ist, mit einer am Blues orientierten Tonalität und Melodieführung sowie einer stark ausgeprägten Hot-Intonation, vor allem im Spiel von Louis Armstrong selbst. Zur Definition dieser Spielweise sei Dauer zitiert: „Die Hot-Intonation der Jazzinstrumente ist eine afrikanische Retention. Sie ist ausgezeichnet durch explosiv hartes, betont lautes Anspielen (bzw. Anstoßen) der Einzeltöne, die in voller Stärke (d. i. ohne dynamische Gliederung) angehalten werden, bis sie der nächste Ton ablöst. Die Ablösung geschieht ebenfalls kräftig, gleicht einem Abreißen, wobei zwischen den Einzeltönen oft ein trockener schlagartiger Beiklang erscheint . . . Aus dem natürlichen Bedürfnis der Afro-Amerikaner zur Hot-Intonation ergibt sich auch die Auswahl . . . spezifisch geeigneter Instrumente, d. i. die Hot-Instrumentation" (Dauer 1961, S. 327 f.). Man studiere gerade Louis Armstrongs ersten und zweiten Chorus auf diesen Intonationsstil hin, auf das ständige Hervorbringen sogenannter „dirty tones", durch eine besondere Anblastechnik hervorgebrachte „geräuschhafte" Töne, vor allem aber auf seine hier schon sehr ausgefeilte, sein Spiel charakterisierende Vibrato-Technik, mit der er besonders lange Töne gegen Ende „instabil" werden läßt und so expressiv auflädt.

Eine weitere herausragende Persönlichkeit des frühen Jazz war Jelly Roll Morton, der für seine exzentrischen Ansichten und seine skurrilen Behauptungen, zu denen die „Erfindung des Jazz im Jahre 1902" gehört, berühmt gewesen ist. Bedeutung erlangte er als der „erste große Komponist des Jazz" (Schuller). Der Kreole Ferdinand Joseph La Menthe, genannt Jelly Roll Morton, ist nicht in New Orleans geboren. Er verließ die Stadt — in deren Vergnügungsviertel er als Pianist tätig gewesen war — im Jahre 1907, um nicht mehr dorthin zurückzukehren. Seine wichtigsten Schallplattenaufnahmen spielte er u. a. in der Zeit zwischen 1926 und 1928 mit den „Red Hot Peppers" in Chicago und New York ein. Der Folklorist Alan Lomax, der für die

Library of Congress in Washington ab Ende der 30er Jahre Aufnahmen mit Blues-Veteranen und Jazzmusikern durchführte, hat mit Jelly Roll Morton u. a. Ragtimes eingespielt.

Wenn Jelly Roll Mortons Musik dennoch dem New Orleans Jazz zugerechnet wird, so mag dies als ein Indiz dafür angesehen werden, wie heterogen einzelne Stile gesehen werden müssen, Zeitstile sich als ein Bündel von Individualstilen darstellen, die oftmals allenfalls rudimentär Gemeinsamkeiten aufweisen. Was zur Charakterisierung der Musik Jelly Roll Mortons gesagt werden muß, läßt sich detailliert an einem Werk wie „Kansas City Stomp(s)" aus dem Jahre 1923 in einer Aufnahme von 1928 erklären. Jelly Roll Mortons kreolisches Erbe – und damit sei die Prägung durch die französische Kultur von New Orleans, durch eine offenbar gediegene musikalische Ausbildung, die sich nicht im Anhören lokaler Jazzgrößen erschöpfte, gemeint – wird beispielsweise durch ein sensibles Gespür für Klangfarben, ein eminentes Gefühl für musikalische Form und Struktur und fast schon ein historisch zu nennendes Stilempfinden deutlich. Mortons Kompositionen sind in den seltensten Fällen als einteilig 12-taktige Blues oder 16-taktige Songs angelegt, die in der Wiedergabe durch stereotype Chorusabfolge gespielt werden. Seine Kompositionen sind, wie bei sonst kaum einem Musiker seiner Zeit, variabel geformt und bewußt durchgestaltet. „Kansas City Stomp(s)" ist dafür geradezu prototypisch. Es handelt sich um eine dreiteilige Komposition, die in der Reihung ihrer 16-taktigen Themen (A-B-C) wie in der Motivgestaltung durch Synkopen und Wiederholungen an Ragtimekompositionen angelehnt ist. Ein Abschnitt geht nicht unvermittelt in den nächsten über, arrangierte Breaks dienen als Abschluß und Überleitung in das nächste Kompositions-Segment (nach dem 2., 3. und 7. Chorus zu studieren). Im dritten Teil wechseln ausgehaltene Ganz- beziehungsweise Halbnotenakkorde mit stark akzentuierten Trompetenphrasen in jeweils Viertaktmotiven, damit die späteren 4 à 4-Takt-Improvisationen vorwegnehmend und gleichzeitig strukturell bindend. Gerade durch diese strukturelle Bindung von Breaks (weitere befinden sich im Takt 7 des Klarinettenchorus sowie am Ende des letzten Chorus) und satztechnische Mittel wie die Viertaktgruppierung des Teils C mit langausgehaltenen Akkorden, durch einen in allen Blasinstrumenten abwärtsgeführten Oktavsprung als Einleitung und ein für Morton-Kompositionen typisches „tag-ending", ein überraschend loses Ende, indem das Schlagzeug mit den Besen eine unverbindliche Figur schlägt — durch all diese Kunstgriffe werden Jelly Roll Mortons Stücke so charakteristisch komponiert und typisiert arrangiert, daß auch in Interpretationen durch andere Musiker auf solche essentiellen Praktiken schwer verzichtet werden kann.

Form:

A	B	B	A
Es-Dur	Es-Dur	Es-Dur	Es-Dur
16 Takte	16 Takte	16 Takte	16 Takte
1. Chorus	2. Chorus	3. Chorus	4. Chorus
Ensemble	Klarinette	Klavier	Ensemble
	(2 Breaks)	(Break)	

B	C	A
Es-Dur	As-Dur	Es-Dur
16 Takte	16 Takte	16 Takte
5. Chorus	6. Chorus	7. Chorus
Banjo	Ensemble	Ensemble
	+ Trp. im	(Schlußbreak)
	4-Takt-	
	Wechsel	

Jelly Roll Morton hat in gewisser Weise die verschiedensten Quellen und Ausprägungen des New Orleans Jazz in einer kunstvollen Form zusammengefaßt und gleichzeitig abgeschlossen: Kollektivimprovisationen des klassischen Jazz in der typischen Bläserbesetzung Trompete (Führung), Klarinette, Posaune; harmonisch-solistische Improvisation des Jazz der

Mittzwanziger Jahre; Arrangiermethoden im Stile des frühen Big Band Jazz. Daß er die Tuba ab 1927 noch einmal als Harmoniefundament aufgegriffen und virtuos eingesetzt hat, ist Teil seiner vielfach verbal geäußerten puristischen New Orleans-Treue.

Revival

Manches, was in den vierziger und fünfziger Jahren von Musikern wie Bunk Johnson, George Lewis, der Young Tuxedo Brass Band und vielen anderen Musikern aus New Orleans gespielt und aufgenommen wurde, gehört eigentlich in die archaische Periode des Jazz, als Blaskapellen das Straßenbild von New Orleans prägten und zu Paraden und Begräbnissen spielten, den größten Feierlichkeiten im gesellschaftlichen Leben der Stadt. Ein Musiker wie Bunk Johnson wird im Kontext des New Orleans Jazz aber bewußt hier mit seinem Wirken so spät erwähnt, weil es noch für ein anderes Phänomen beispielhaft ist, für die seit den späten 30er Jahren einsetzende „Revival"-Bewegung, mit der man in Amerika, aber auch in Europa, getragen von einem historischen Bewußtsein, die Musik der noch lebenden Zeugen aus der Entstehungszeit des Jazz zu konservieren begann. Wenn schon die Anfänge dieser Musik im Trüben der Geschichte verborgen geblieben sind, so wollte man doch — wenn auch fast schon zu spät — wenigstens das erhalten, was in der Tradition des alten New Orleans stand und damit eine Rekonstruktion des authentischen Klangbildes gestattete. Die Einsicht in die Notwendigkeit einer Bewahrung des authentischen Jazz ging mit einer anderen Tendenz einher: einer klingenden Rekonstruktion durch neu entstandene New Orleans-Jazzbands. Die Erklärung dafür liefert die Eigenart des Jazz selbst. Partitur und Schallplatte sind gewisse Hilfsmittel zur Konservierung von Klängen, aber nicht für jede Art von Musik. Improvisierte Klänge besitzen kaum Partituren, und die Schallplatte hält nur einen zufälligen Augenblick des Ereignisses fest, gar nicht zu reden vom Gestus der Musik. Der Jazz ist eine „flüchtige Kunst". Er existiert, solange er gespielt wird. Wer historisches Bewußtsein demonstrieren will, der muß die musikalische Vergangenheit zur ständig verlängerten Gegenwart machen. So besitzt die Pflege des klassischen Jazz eine gewisse Berechtigung auch bei europäischen Nachschöpfern, sofern musikalische Fähigkeiten und historisches Verständnis lediglich modisch-nostalgisches Unterhaltungsbedürfnis überwiegen. In den besten Beispielen steht hinter dieser Variante des New

Orleans Jazz die Sehnsucht nach der Verwirklichung einer musikalischen Utopie: die musikalische Vergangenheit in der Gegenwart des Konzerts auch für die Zukunft retten zu können.

Bunk Johnson (1879–1949) hat noch mit der legendären Vaterfigur des Jazz, dem Kornettisten Buddy Bolden, in einer Band zusammengespielt. An Johnsons Musik, vor allem mit seiner Brass Band, läßt sich vielleicht noch am besten rekonstruieren, wie der Jazz um die Jahrhundertwende geklungen haben muß. Die Musik der zahllosen Brass und Marching Bands in New Orleans war funktionale Freiluftmusik, angelehnt an die Musik der für das gesamte 19. Jahrhundert in Amerika belegten Blechblaskapellen. „There's nothing original about the idea of brass bands in Western culture", beginnt der Abschnitt über Blaskapellen in dem lesens- und sehenswerten Familienalbum des New Orleans Jazz von Al Rose und Edmond Souchon.[37] Jede Gemeinde hatte ihre Feuerwehr- oder Polizeikapelle, ihre Schulbands oder sonstige Ensembles, die mit Märschen und patriotischen Werken die Feierlichkeiten erst zu einem Fest machten. New Orleans hatte zahllose dieser Blasorchester, die von den vielen Bruderschaften, Logen und sonstigen Organisationen der Afro-Amerikaner getragen wurden und mit denen sichergestellt wurde, daß man bei seinem Ableben ein anständiges Begräbnis mit Musik erhielt, „a perfect death", wie das Jelly Roll Morton ausgedrückt hat (Stearns, S. 58). Die Beschreibungen dieser Feierlichkeiten durch Augenzeugen wie Bunk Johnson und Wingy Manone geben den Stimmungsgehalt anschaulich wieder. Bunk Johnson: „On the way to the cemetery with an Odd Fellow or a Mason – they always buried with music you see – we would always use slow Numbers such as ‚Nearer My God to Thee', ‚Flee as a Bird to the Mountains', ‚Come Thee Disconsolate'. We would use most any 4/4, played slow; they walked very slow behind the body. After we would get to the cemetery, and after that particular person were put away, the band would come on to the front out of the graveyard. Then the lodge would come out ... and they called roll-fall in line, and then we'd march away from the cemetery by the snare drum only, until we got about a block or two blocks from the cemetery. Then we'd got right on into ragtime

— what the people call today swing-ragtime. We would play ‚Didn't He Ramble', or we'd take all those spiritual hymns and turn them into ragtime-2/4 movements, you know, step lively everybody . . .." (Stearns, S. 61). Wingy Manone: „On the way to the graveyard, they all walked slowly, following the cornet player. The cornet player was the boss. Sometimes it took them four hours to get to the cemetery. All the way they just swayed to the music and moaned. At the graveside they chanted questions, such as ‚Did he ramble?', ‚Did he gamble?' or ‚Did he lead a good life until the police shot him down on St. James Street?' Then after the body was buried, they'd go back to town and all the way they'd swing. They just pulled the instruments apart. They played the hottest music in the world."[38]

„Oh, Didn't He Ramble" gehört zu den berühmtesten sogenannten „Leaving the cemetery-Tunes", mit dem sich die Gemeinde, nach dem Trauermarsch des Hinwegs, in ritueller Freude von dem Toten verabschiedete und die Sorgen verscheuchte. Diese für Europäer merkwürdige Umkehrung der christlichen Verhaltenslehre — Erfreue dich beim Tod, weine bei der Geburt — findet ihre Entsprechung in den von Herskovits beschriebenen zeremoniellen Bestattungsriten der westafrikanischen Dahomey: „When the grave is finished, it is left with a mat over its opening. Every morning thereafter, until the body is buried, the children and wives of the deceased enter the house of the dead, fall across the body and weep . . . (after the funeral) Throughout the night, and until an hour or two before dawn, there is drinking and dancing and singing. Tales are recounted dealing with themes of the broadest sexual innuendo, for the native view is that this is the time to amuse the dead, for to moralize to a dead person is both indelicate and senseless." (Stearns, S. 62.)

Bei „Oh Didn't He Ramble" läßt sich das von Dauer beschriebene heterophone Musizieren des archaischen Jazz gut studieren. Der 16taktige einthematische Marsch, der im Grunde nur ein viertaktiges melodisches Motiv wiederholt, wird von den Bläsern nicht improvisiert, sondern lediglich andeutungsweise verändert. Alle Instrumente halten sich im Grunde an die Melodie. Von einer Improvisation auf harmonischer Basis kann natürlich überhaupt nicht die Rede sein. Zu dieser Veränderungstechnik sei ein früher Zeuge, der Klarinettist Buster Bailey, zitiert: „I was embellishing around the melody. At that time (1917—18) I wouldn't have known what they meant by improvisation. But embellishment was a phrase I understood." (Hear Me Talkin' . . ., S. 78.)

Dixieland

Die Aufnahmen der Original Dixieland Jazz Band (ODJB) von 1917 gelten als die ersten Schallplatteneinspielungen des Jazz (siehe Anmerkung 34). Daß eine Musikform, die afroamerikanischen Ursprungs ist und vor allem von Schwarzen geprägt wurde, durch ein weißes Ensemble eine weitere Verbreitung fand, mag ein Indiz dafür sein, wie musikalische Öffentlichkeit und kommerzielle Verwertung von Musik durch die weiße Mehrheit beherrscht wurden. Der farbige Trompeter Freddie Keppard (1889–1933) hätte zwar noch vor der ODJB 1916 Schallplattenaufnahmen machen können; ein entsprechendes Angebot lag ihm vor. Die Begründung, mit der Keppard die Offerte ablehnte, paßt jedoch in das skizzierte Bild: Er hatte Angst, andere Trompeter könnten, wenn er seine Musik auf Schallplatte jedem zugänglich machen würde, sein Material stehlen (siehe dazu: Schuller, S. 139).

Die ODJB hatte mit ihren Aufnahmen nicht nur kommerziellen Erfolg, sie trug wesentlich dazu bei, der Musik zu ihrem Namen zu verhelfen. Erst durch ihre Kapellenbenennung ist der Begriff für die entsprechende Musik virulent geworden. Keine einzige New Orleans-Band hat das Wort Jazz, als Slang-Ausdruck bereits seit langem schwarzes Allgemeingut, als Bezeichnung einer Band übernommen. Jelly Roll Mortons Behauptung, er haben den Begriff im musikalischen Sinne schon Anfang des 20. Jahrhunderts verwendet, läßt sich weder widerlegen noch dokumentieren.

Der Stil weißer Jazzkapellen wird in Abgrenzung zum schwarzen New Orleans Jazz gewöhnlich mit Dixieland angegeben.[39] Die Differenzierung ist idealtypisch zu verstehen. Zwar gilt als Dixieland die weiße Nachahmung des von Schwarzen gespielten New Orleans Jazz. Dem hörenden Nachvollzug dürfte es jedoch vielfach schwer fallen, die ethnische Zusammensetzung einer Band festzustellen. Die Terminologie war im übrigen zur Zeit des New Orleans Jazz und des Dixieland Jazz keineswegs eindeutig. Auch Schwarze bezeichneten ihre Musik gelegentlich als Dixieland. In seinen Anfängen reicht der Dixieland, ähnlich dem New Orleans Jazz, bis in die Zeit um 1890 zurück.

Dauer teilt mit, daß schon 1888 die erste weiße Band bestand, die archaischen Jazz und Ragtime nachahmte, die Gruppe des aus New Orleans stammenden Jack „Papa" Laine (1873–1966), der seine Musik gelegentlich mit „Circus"-Musik umschrieb (Dauer 1961, S. 318). Alle Mitglieder der „originalen" ODJB haben zeitweilig in der von ca. 1892 bis 1913 existierenden Reliance Brass Band von Jack Laine gespielt.

Der „Tiger Rag", ein Jahr nach den ersten Aufnahmen der ODJB produziert wurde — wie andere Aufnahmen — als Komposition Nick LaRoccas gekennzeichnet. Daß viele Kompositionen jedoch eher klingendes Allgemeingut der Zeit waren oder aus dem Musizieren der Schwarzen übernommen wurden, wird von einigen Musikern schlagend belegt. Zumindest Teile des „Tiger Rag" waren auch als „Praline" oder „Nr. 2" — in Ermangelung eines Namens — bekannt. Bunk Johnson berichtet: „And quadrilles. I was crazy to play quadrilles. This quadrille, the first eight bars of what the bands are usin' today, Tiger Rag, that's King Bolden's first eight bars we would play to get your partner ready for quadrille. And, in later years, 'twas taken and turned into Tiger Rag by musicians that could read . . ."[40] Noch bemerkenswerter ist die musikalische Demonstration, mit der Jelly Roll Morton anläßlich einer Aufnahme für die Library of Congress die Transformation einer Quadrille in den „Tiger Rag" belegt. Rudi Blesh hat dazu auch die Noten festgehalten, von denen hier ein nicht jazzmäßig phrasierter Walzerteil und anschließend das gleiche Stück im Jazzidiom wiedergegeben wird[41]:

Walzer

Jazz

Den „Tiger Rag", wie er von der ODJB gespielt worden war, hat Dauer teilweise transkribiert (Dauer 1958, S. 274 ff.):

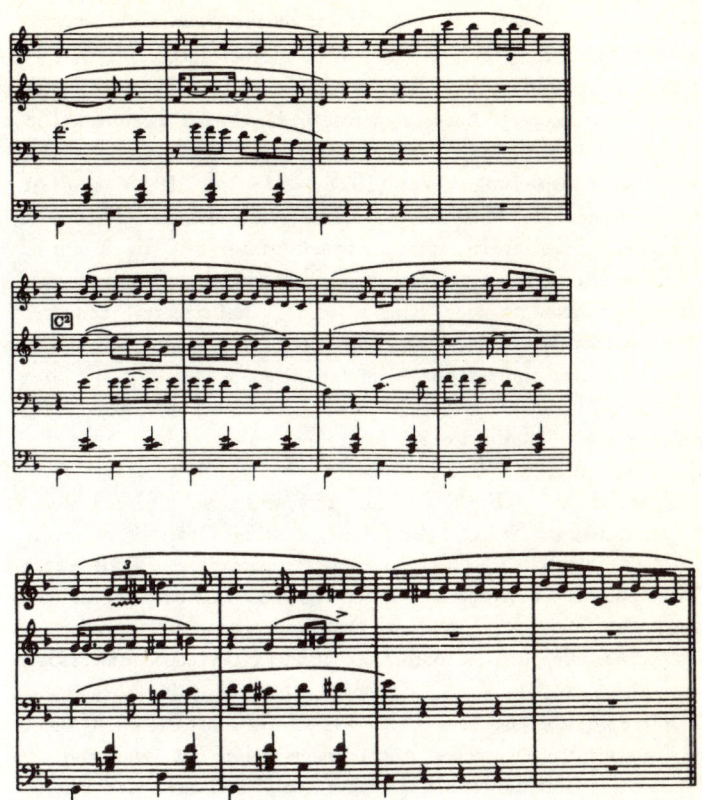

Beim „Tiger Rag" handelt es sich zunächst um eine dreiteilige Mischform aus Marsch und Ragtime, mit einer vergleichsweise steifen Rhythmisierung. Daß die ODJB von einer anderen musikalischen Tradition (und nicht der afro-amerikanischen) kommt und die afro-amerikanische auf simplifizierte europäische Formeln reduziert, erkennt man recht deutlich an dem Stimmenverlauf der Blasinstrumente, bei dem die Instrumente harmonisch die Melodie durch Akkordbrechungen umspielen und nicht wie im afro-amerikanischen Musizieren lineare Stimmen konzipieren. Dauer: „Damit ist der Improvisationsstil des ‚weißen' Jazz von vorneherein festgelegt als ein figuratives

Auszieren der Melodie und ihrer harmonischen Substanz."
(Dauer 1958, S. 173 f.) Standardisierung erfolgte bei der ODJB
auch dadurch, daß die Chorusse vielfach einstudiert und über
Jahre unverändert tradiert wurden. Das wird besonders im
Vergleich verschiedener Aufnahmen eines Stückes (u. a. „Tiger
Rag" in Einspielungen von 1918, 1919 und 1936) evident.
Schuller führt die Massenwirksamkeit der Musik der ODJB u. a.
auf diese Standardisierungen zurück, dann auf die Technik,
Stücke schneller als andere Bands zu spielen, aber auch auf
einen offenbar in der Kriegs- und Nachkriegszeit schicken
Primitivitäts-Appeal, was an die Attitüde des antiintellektuellen
Musikstils der siebziger und beginnenden achtziger Jahre, den
Punkrock, erinnert. Nick LaRocca: „I don't know how many
pianists we tried before we found one who couldn't read music." (Schuller, S. 179.)

Neben der ODJB ist das Ensemble der New Orleans
Rhythm Kings (NORK) die zweite wichtige Gruppe des „weissen" Dixielandstils, dabei aber insofern von der ODJB unterschieden, als sie weniger aus der Ragtime-Tradition kam, sondern sich mehr auf die New Orleans-Jazzspielweise besonnen
hatte. Aus der unterschiedlichen stilistischen Herkunft erklärt
sich auch, warum die ODJB Mitte der 20er Jahre ihre Popularität einbüßte und praktisch ohne Einfluß auf die nachfolgenden Generationen weißer Musiker geblieben ist, während die
NORK gewissermaßen als „Missing Link" zwischen der schwarzen New Orleans-Tradition und ihren weißen Imitatoren in
Chicago und anderswo anzusehen sind. Wie sehr sich die NORK
ihrer Abhängigkeit beispielsweise vom Stil eines King Oliver
bewußt waren, geht u. a. auch daraus hervor, daß sie mit dem
Kreolen Jelly Roll Morton gemeinsame Aufnahmen machten,
vermutlich die ersten Einspielungen eines gemischtrassigen
Ensembles.[42] Während die ODJB sich als Erfinder des Jazz
feiern ließ, negierten die NORK die Priorität schwarzer Musik
nicht: „We did our best to copy the colored music we'd heard at
home. We did the best we could, but naturally we couldn't play
real colored style."[43] „Milenberg Joys", eine Komposition Jelly
Roll Mortons, zeigt formal wie ausdrucksmäßig die weiter oben
beschriebenen Stileigentümlichkeiten Jelly Roll Mortons, vor

allem dessen zum kompositorischen Prinzip erhobene Break-Technik.⁴⁴ Das Stück beginnt bereits mit einem viertaktigen Break, der in modifizierten Gestaltungen im Laufe des Stückes im Wechsel mit weiteren Breaks mehrmals wiederkehrt (insgesamt acht Breaks).

Mortons geschickte Arrangiertechnik, sein feines Klang- und Formempfinden, geht auch aus der Harmonisierung des dreifach wiederholten, gleichzeitig dramatisch gesteigerten chromatischen Schrittes in diesem Break des Vorspiels hervor, dem sofort die zweitaktige Antwort folgt.

Akkordfolge: G - As - G - As - G - As - H⁷ - Es⁷

Milenberg Joys — Vorspiel

Eine interessante Variante folgt im 2. Chorus, der mit dem zweitaktigen Break beginnt, gefolgt von einer Viertaktphrase und einer Verwandlung des Break in eine abwärtsgerichtete Akkordstruktur (Takt 27—28), die wiederum abgelöst wird vom aufsteigenden „Ur"-Break (Takt 29—30).

Milenberg Joys — T. 27—30

Formverlauf

Vorspiel	Thema	1. Chorus	Break
4 Takte Bläser (Break)	16 Takte Ensemble As-Dur	16 Takte Bläser (2 T.) Ensemble (4 T.) Bläser (4 T.) Ensemble (6 T.) (2 Breaks ↓↑) As-Dur	4 Takte Ensemble

2. Chorus	3. Chorus	4. Chorus	5. Chorus	Break
16 Takte Trompete Des-Dur (letzte 2 Takte Break)	16 Takte Trompete Des-Dur (letzte 2 Takte Break d. Pos.)	16 Takte Ensemble Des-Dur (letzte 2 Takte Break)	16 Takte Klarinette Des-Dur	2 Takte Trompete

Beachtenswert ist auch die Interpretation der NORK, in der vor allem Trompete und Klarinette den Stil schwarzer New Orleans-Musiker sehr geschickt kopieren, indem sie ihre Improvisationen mit zahlreichen Blue notes anreichern und die „dirty tone"-Technik des frühen Jazz anwenden. Man höre beispielsweise auf die Growl-Technik (eine Art Flatterzunge) des Trompeters in seinen beiden Chorussen und die Verschleifungen der Töne des Klarinettisten. Der Break des Trompeters in seinem ersten Chorus (Des-Dur) ist geradezu ein Blue note-Break. Er setzt (im Es-Dur-Akkord) mit der Blue note es ein, die zum Grundton es führt und eine Oktave tiefer noch einmal wiederholt wird. Charakteristisch ist auch die Verschleifung der gleichen Blue note fis im dritten Takt des Klarinetten-Chorus, die auf g hochgezogen wird.

Milenberg Joys – 2. Chorus, T. 15–16, Trompete

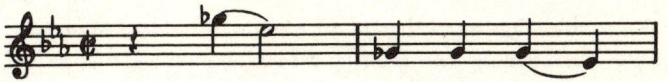

Milenberg Joys – 4. Chorus, T. 3, Klarinette

Chicago-Stil

Der weiße Chicago-Stil wird in der Jazz-Geschichte als eine direkte Fortführung des Dixieland-Jazz angesehen, wie er vor allem von den NORK interpretiert wurde.⁴⁵ Daß er als ein eigener, vom Dixieland abgehobener — wenn auch vielfach in der Praxis nicht leicht davon zu trennender — Stil empfunden wird, hängt mit mehreren Eigentümlichkeiten zusammen, die schon in dem ersten Ensemble dieser Richtung, dem Wolverine Orchestra, sich ankündigen und bis zu der losen Formation der „Chicagoans" voll ausgeprägt waren, einer Gruppe, die als Wegbereiter des Swing-Stils angesehen werden muß. Die Veränderungen betreffen sämtliche Parameter der Komposition und Interpretation. Zunächst ist eine Verlagerung von der Kollektivimprovisation zur solistischen Chorus-Abfolge charakteristisch. Selbst wenn — aus formalen Gründen — Kollektivimprovisationen als Rahmen vorhanden sind, wird doch nicht mehr im eigentlichen Sinne linear improvisiert, d. h. Melodien erfunden, sondern harmonisch gedacht. Das bedeutet, daß die Trompete keine eigentliche Lead-Funktion mehr ausfüllt, die Klarinette sich als Verzierungsinstrument und die Posaune als harmonisches Füllinstrument verstehen (Der typische „Tailgate"-Stil der New Orleans-Posaune mit Glissando-Effekten und langgezogenen melodischen Linien verschwindet ganz). Entscheidende Unterschiede betreffen auch die Phrasierungstechnik, die nicht so sehr von der Hot-Spielweise, einer stark attackierenden und stakkatierten afro-amerikanischen Ausdruckskunst geprägt wird, vielmehr von einer mit „sweet" gekennzeichneten europäischen, reinen Tongebung. Dauer hat eine typische rhythmische Floskel im Chicago-Stil entdeckt, die unmittelbar in die Rhythmisierungen der Swing-Sätze aufgegangen ist:

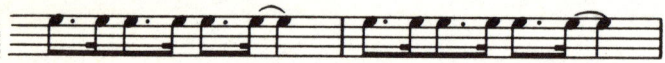

Alle hier beschriebenen Stilmerkmale lassen sich im Wolverine Orchestra mit dem Trompeter Bix Beiderbecke (1903—

1931) nachweisen, beispielsweise im „Jazz Me Blues", der keine Blues-Form besitzt, sondern eine zweiteilige Vers-Refrain-Form mit einer für die Schlager der Zeit typischen „Barbershop-Sequenz" — einer Septimakkordreihung im Quintenzirkel.

Bix Beiderbeckes Stil, seine Phrasierungstechnik und sein improvisatorisches Formempfinden, mit einer überlegenen Musikalität, Gelassenheit und einem perfekten „timing", heute wohl zu Recht als außergewöhnlich apostrophiert, ist in den 30er Jahren und danach in die unfruchtbare Kontroverse über den „echten" Jazz geraten. So unbestreitbar es ist, daß es sich hier nicht mehr um afro-amerikanische, sondern um europäische Klangideale und Improvisationsauffassungen handelt, so wahr es außerdem ist, daß bei Bix Beiderbecke — vor allem in der Zusammenarbeit mit Paul Whiteman — ein glatter „Commercial Jazz" sich anbahnte, so ist doch — gerade im Hinblick auf spätere Stilrichtungen wie den Cool-Jazz — das Aufrechterhalten eines alleinseligmachenden Hot-Standpunktes und die Denunzierung Beiderbeckes und seines Wolverine Orchestras als „popular sentimental balladists" (Blesh, S. 228) als dogmatisch abzulehnen.

Jazz Me Blues
Form:
Thema A (Verse): 2 x 8 Takte

Thema B (Refrain): 8 + 12 Takte

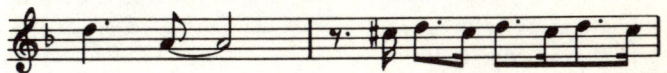

A	Zwischenspiel	B	A
Ensemble 16 Takte	Ensemble 4 Takte	Ensemble 20 Takte (mit Klarinetten-Breaks)	Ensemble 16 Takte

Zwischenspiel	B	B	B
Ensemble 4 Takte	Kornett 20 Takte (mit Kornett-Breaks)	Ensemble 20 Takte (mit Posaunen-Breaks)	Ensemble 20 Takte (mit Banjo- u. Tenorsaxofon-Breaks)

McKenzie and Condon's Chicagoans, ein die Besetzung ständig wechselnder, lockerer Zusammenschluß weißer Musiker, hat die durch Bix Beiderbeckes Ensemble vorgeprägte Musik weiter in Richtung eines „orchestralen Swingstils" entwickelt. „Sugar", ein 32taktiges Thema in AABA-Form (mit einem zusätzlichen, einmal gespielten 16taktigen Vers-Teil) und der gleichen Barbershop-Harmonisierung (B-Teil, letzte vier Takte) wie in „Jazz Me Blues", verzichtet in der Instrumentation ganz auf das Hot-Instrument Posaune, bringt dafür zusätzlich ein Saxophon. Interessant ist hier die Verwendung von Bläsern in harmonisch konzipierten Sätzen, die nach dem Klarinettensolo auch kurze Riffs andeuten, wie sie für den Swing, besonders in größeren Besetzungen typisch sind.[4 6] Bemerkenswert ist ferner, daß kein Instrument einen Solo-Chorus ganz durchspielt. Trompete und Klarinette halbieren den 2. Chorus, Ensemble, Saxophon, Klarinette und wiederum Ensemble teilen den 3. Chorus sogar in vier Teile auf.

Frühe Big Bands

Mit der Big Band tritt der Jazz in eine neue Phase der rationalen Durchgestaltung ein, und es ist bemerkenswert, daß dies in einem so frühen Stadium der Entwicklung des Jazz geschieht. 1923 gründet Fletcher Henderson in New York seine Big Band. Jo Jones charakterisiert dieses Ensemble so: „Fletcher Henderson had a wonderful dance band because he was a competent musician. Before Henderson jazz musicians just picked up horns and played. Henderson put class to jazz music because his musicians were hired on their ability to play music. His bands largely led to jazz as we have it now." (Hear Me Talkin' . . ., S. 202). Wenn Dauer die Big Band als den wichtigsten Ausdrucksträger des harmonischen Jazzstils bezeichnet, so meint er damit u. a., daß die Big Band sich zwar aus den kleineren Ensembles des Jazz entwickelt hat, aber zur Institutionalisierung des Wandels vom linearen Musizieren im frühen Jazz zum harmonischen Konzept der 20er Jahre bedurfte. Die chorische Anordnung von Bläsern setzte das Arrangement und die Organisation von im Notenlesen geschulten Musikern voraus. Fletcher Hendersons Orchester ist damit der letzte Schritt vom folkloristischen Stegreifmusizieren von Halbprofessionals zum durchkomponierten (wenn auch in den Soli improvisatorische Freiheit garantierenden) Stil von Berufsmusikern. Diese neue kulturelle Stufe des Jazz wird in dieser ersten Phase vor allem von zwei Orchestern repräsentiert: dem Fletcher Hendersons und dem von Duke Ellington. Beide gehören sie zu einer Stilrichtung, die auch als Harlem-Jazz bekannt geworden ist. Fletcher Hendersons früher Big Band-Stil ließe sich unter anderem so charakterisieren: Ausgefeilte und das Werk vollkommen durchziehende Arrangements mit eingelegten freien, solistischen Partien. Wesentlich ist der Satz von in Call-Response-Manier gegenübergestellten Holzbläser- und Blechbläser-Sektionen sowie generell ein dreistimmiger Saxophonsatz, der später das Klangideal des Swing bestimmen soll, und eine prägnante Riff-Technik. Die Aufteilung der Funktionen für die Holzbläser als Melodieführer, für das Blech als Akzente und für das ganze Ensemble als Höhepunkt der Komposition im gemeinsamen Spiel, läßt sich auf den Arrangeur und Saxophonisten der Band, Don Redman, zurückführen.

Einen Schritt weiter geht Duke Ellington (1899—1974) mit seinem ab Mitte der 20er Jahre sich allmählich aus kleineren Gruppen konstituierenden Orchester, das zu einer der beständigsten Formationen des Big Band Jazz werden sollte. Um die Bedeutung Duke Ellingtons für den Jazz ganz würdigen zu können, muß man gerade die Konstanz seiner Orchester und die Beständigkeit seiner Arbeit mit berücksichtigen. Ellington war Orchesterleiter, Pianist, Komponist und Arrangeur praktisch fünfzig Jahre lang. In allen angesprochenen Disziplinen gab es zeitweilig Größere und größere Neuerer als ihn. Aber keiner (mit Ausnahme vielleicht von Louis Armstrong) ist durch die kontinuierliche Tätigkeit und durch die Macht seiner Persönlichkeit mehr Kulturpolitiker, kultureller Botschafter, vor allem aber mehr zur Symbolfigur auf dem über ein halbes Jahrhundert sich ausdehnenden Weg geworden, „den der Jazz aus den Freudenhäusern von New Orleans bis hin zur Metropolitan Opera zurückgelegt hat" (Richard O. Boyer). Einen charakteristischen eigenen Stil erlangte Ellingtons Big Band etwa seit dem Engagement im Cotton Club in New York (1928— 1931), wo nicht nur Tanzmusik gefragt war, sondern auch Kabarettnummern und Shows musikalisch unterstützt werden mußten. Der Hang zu tonmalerischen Effekten (jungle style) und sinnlicher Instrumentation wurde hier sicherlich gefördert, wenn auch die stilistische Eigenart des jeweiligen Musikers (so Bubber Mileys Growl-Technik auf der Trompete) gerade bei Ellington immer schon ein wichtiger Faktor bei den Arrangements gewesen war. Duke Ellington schrieb gewissermaßen nicht für Orchester, sondern für einzelne Instrumentalisten. Der Saxophonist Ben Webster, der ausgiebige Orchestererfahrungen u. a. bei Fletcher Henderson, Benny Carter, Bennie Moten, Cab Calloway und eben auch Duke Ellington gesammelt hatte, beschreibt gerade diese Eigenart Ellingtons präzise: „Er versteht die Musiker besser als irgendein anderer Bandleader. Die Fähigkeiten eines Musikers erkennt er schnell und genau, und er kann ein Stück oder ein Konzert schreiben, das genau auf ihn zugeschnitten ist." In dieser Art des Individualstils innerhalb eines Orchesterverbandes, im prägnanten Charakterisieren durch ein Instrument, in der äußerst differenzierten Klangfarbenkomposition hat Ellington Fletcher Henderson zu seiner Zeit und eine Reihe weiterer Orchester späterer Epochen hinter sich gelassen. Aber nicht nur der abstrakte Sinn für Orchesterfarben, die Komposition, d. h. die Strukturierung mit dem variablen Spektrum seines Ensembles hat Ellington meisterhaft verstanden. Was bei vielen Komponisten und Instrumentalisten des Jazz rudimentär vorhanden war – bei Scott Joplin in der übergreifenden Form der (Ragtime-) Oper, bei Bix Beiderbecke in der lyrischen Qualität seines Trompetentons und der proportionalen Ausgewogenheit seiner Improvisationen, bei Jelly Roll Morton im originellen Arrangement von Breaks und der Durchstrukturierung mehrthematischer Kompositionen – bei Duke Ellington scheint alles zu einem Klangideal gebündelt, das den Jazz zur Kunst erhob, ohne ihn damit dem Leben zu entrücken.

Ellingtons differenzierter Personalstil läßt sich gut an Kompositionen wie „The Mooche" demonstrieren. Das mehrteilige Werk umschließt mit zwei prinzipiell gleichbleibenden thematischen Blöcken drei Chorusse über ein 12-taktiges Blues-Schema. Formal durchaus nicht außergewöhnlich, besticht das Werk durch den Reichtum seiner Instrumentation und seiner dynamischen Abstufungen, die trotz allem ökonomisch wirken. In solcher Weise wie Ellington hatte bis dahin noch kein Arrangeur das tiefe Register der Klarinette als Ausdruckselement über marschierenden Bläser- und Rhythmusgruppen-Riffs genutzt (2. Chorus), so geschickt kaum ein Musiker die Call-and-Response-Technik des afro-amerikanischen Musizierens in einen Dialog zweier Solisten umgesetzt (Growl-Trompete und Saxophon im 3. Chorus) und noch niemand Dynamik, Klangqualität und melodisches Motiv (Takt 5 ff.), so koordiniert wie Ellington in dem von der hohen Klarinette geführten Viertaktmotiv nach dem Anfangscrescendo. In den charakteristischen Soli – mit Bubber Mileys gedämpfter Trompete, Barney Bigards die kreolische Klarinettentradition fortsetzendem Lamento-Stil mit starker Blues-Intonation und Johnny Hodges' swingendem Altsaxophon — wird deutlich, wie Ellington den Personalstil der Musiker zu einem konzisen Ensemblestil umformte.

Swing und Big Band Jazz

Swing als Bezeichnung eines stilistischen Phänomens und der Free Jazz haben ein signifikantes Merkmal gemeinsam: das Auseinanderklaffen von öffentlicher Anerkennung und Reputation bei den Experten. Während aber beim Free Jazz das hohe Ansehen bei den Kritikern mit einer oft schroffen Ablehnung der Musik in der Praxis des Konzertlebens einherging, war das Verhältnis beim Swing-Stil genau umgekehrt. Immense Popularität stand der Kritikerschelte vom Tod des „wahren Jazz" unversöhnlich gegenüber. Rudi Blesh hat es unmißverständlich formuliert. Die Popularität des Swing läßt sich nur als Korrelat eines Substanzverlustes der negroiden Merkmale des Jazz begreifen, der sich bereits im Chicago-Stil angekündigt hatte. Manfred Miller prägt in diesem Zusammenhang das Wort „Zweite Akkulturation", womit schlagwortartig deutlich gemacht wird, daß es im Swing zu einer nochmaligen Anpassung (für manche Autoren: zu einem Verschwinden) des afro-amerikanischen Musizierens an die euro-amerikanische Tradition kam: „Die Swing-Begeisterung ist notwendiges Ergebnis eines kulturellen Ausgleichs. Die afro-amerikanischen Elemente bleiben in einer Form erhalten, die nicht mehr gravierend mit europäischen Normen kollidierte. Das anfangs ästhetisch Befremdende, das normativ Bedrohliche konnte, dosiert und dem europäischen Musizier-Ideal angeglichen, als das begeisternd Frische, das befreiend Neue begrüßt werden."[47] Zweifelsohne ist der Jazz in den 30er Jahren zum ersten und bisher einzigen Male eine wirklich populäre Musikform geworden, mit allen negativen Aspekten einer Angleichung an einen breiteren Publikumsgeschmack und mit dem Ergebnis, daß Elemente des Jazz — Rhythmisierungen, Phrasierung, Improvisations- und Arrangiertechniken — im großen Stil von euro-amerikanisch geprägten Tanzorchestern aufgegriffen und ihrem eigenen Stil assimiliert wurden.

Bevor auf die einzelnen Kriterien zur äußerlich-formalen Kennzeichnung des Swingstils eingegangen wird, erscheint es wichtig, auf die rhythmische Qualität zu verweisen die ebenfalls mit „swing" beschrieben wird, lange Zeit eine dem Jazz immanente Eigenschaft gewesen ist und im Swingstil sich besonders ausgeprägt dargestellt hat. Eine ausgezeichnete, jenseits aller mystischen Deutung liegende Beschreibung des Phänomens „swing" gibt Alfons Dauer. Sie sei hier im Kontext ausführlich zitiert: „Zur Entstehung des ‚swing' bedarf es lediglich einer bestimmten Abwandlung des off-beat. Im historischen Jazz wird durch diese Technik ... der einzelnen Melodie eine besondere rhythmische Eigenschaft verliehen, über die der gestaltende Musiker frei verfügt. Sie tritt bei mehrstimmigem Musizieren in allen Stimmen in mannigfacher Anwendung zugleich auf. Ihre schwunghafte Wirkung bezieht sich auf die einzelnen Stimmen und wird dem Hörer erst beim individuellen Verfolgen der Einzelstimmen eines klassischen Jazzensembles spürbar. Der historische Jazz ist eine grundsätzlich lineare, horizontale Musizierform, der off-beat ist für ihn ein sekundäres technisches Mittel der Melodiegestaltung. Der Swing-Stil ist dagegen eine harmonische, vertikale Musizierform, wie es dem Harmoniespiel europäischer Herkunft entspricht. Seine Stimmen werden im Orchester nach einem senkrechten Zusammenklangsprinzip gestaltet, weshalb er ganz natürlich zum satzweisen Akkordspiel überleitet. Dieser harmonische Satz führt zur Aufgabe der rhythmischen Selbständigkeit und Vielfalt der Einzelstimmen, er vereinheitlicht ihre rhythmische Bewegung, indem er eine gemeinsame K l a n g stimme aus ihnen macht (Homophonie). Dadurch erscheint der off-beat jetzt nicht mehr mannigfaltig, sondern zusammengefaßt zu einer gemeinsamen, für alle Stimmen verbindlichen rhythmischen Bewegung. Durch diese gebundene Vereinfachung vervielfacht er zugleich seine ekstatische Wirkung. An Stelle des rhythmischen Reichtums einzelner Melodien wird er im harmonischen Satz b e w u ß t und massiert angewendet, um eine schwebende, schwingende Spannung beim Hörer hervorzurufen. Dieser empfindet sie als einen Reiz, den er mit Leichtigkeit in eine schwingende, wippende Körperbewegung umsetzt. Die schwunghafte Wirkung des off-beat wird zum p r i m ä r e n stilistischen Prinzip, das dem Swing seinen Namen gab" (Dauer 1961, S. 113).

Die sogenannte „Melodierhythmik", die off-beat-Phrasierung der melodischen Akzente, hat sich als ein grundlegendes

Stilmerkmal unter den schwarzen Musikern in Chicago entwickelt und ist mitverantwortlich dafür, daß manche Autoren von dem Beginn des „Modern Jazz" seit dem Chicago-Stil sprechen, während die davorliegenden Stile als „historischer Jazz" zusammengefaßt werden. Louis Armstrong in Chicago: „Wir fühlten, daß es ganz verschieden war von dem Musizieren in New Orleans, und wir nannten es Swing" (Dauer 1961, S. 110).

In der Swingzeit waren außerdem erstmals die Big Bands und nicht so sehr die kleineren Ensembles Träger des neuen Stilideals. King Oliver hatte schon 1925 in Chicago seine „Dixie Syncopators" mit einem dreistimmigen Saxophonsatz zusammengestellt. Die kontinuierliche chorische Erweiterung der Bläsersektion — zunächst bei den Saxophonen, dann den Trompeten, die noch als eine Einheit mit der Posaune begriffen wurden, später dann die Trennung in Trompeten- und Posaunensatz — führten Mitte der 30er Jahre zu einer Standardbesetzung von Big Bands mit 3 Trompeten, 2 Posaunen, 4 Saxophonen und einer Rhythmusgruppe aus Klavier, Gitarre, Baß und Schlagzeug. Bestimmend für den Big Band-Stil wurde die Trennung von ausgeschriebenen Arrangements für den Satz (in dem die Mittelstimmen harmonisch gebunden waren und ihre Selbständigkeit einbüßten) und eingelegten Ad-libitum-Teilen für solistische Improvisatoren. Praktisch läßt sich erst seit dieser Zeit von melodischen Backgrounds im Jazz sprechen, da in den früheren Stilen nicht Begleitung eines Solisten, sondern Kontrapunktierung das Prinzip darstellte. Die satzweise Komposition oder Arrangiermethode führte zwangsläufig auch zu einer Nivellierung der individuellen Tongebung und Phrasierungstechnik der einzelnen Satzmusiker.

An der Musik von Count Basie und Benny Goodman läßt sich einerseits das prototypische Erscheinungsbild des Swing demonstrieren, andererseits der Unterschied von „schwarzem" und „weißem" Swingstil aufzeigen. Count Basies Big Band, die aus einem Zusammenschluß des Orchesters Bennie Motens mit Walter Pages Blue Devils-Combo entstand, galt in der Zeit zwischen 1936 und 1941 als der Inbegriff einer Swing-Big

Band und repräsentierte gleichzeitig eine Spielart des Swing, den sogenannten Kansas City-Stil. In Kansas City und überhaupt der „South-west"Region mit den Staaten Texas, Arkansas, Kansas und Oklahoma sind die Traditionen des Ragtime und des Blues länger bestimmende Elemente geblieben als in anderen Gegenden der Vereinigten Staaten; Traditionen, die sich über Bennie Moten, der als Ragtime-Pianist tätig gewesen war, bis zum Orchester Count Basies fortgesetzt haben. Count Basies Big Band wird wesentlich bestimmt von dem geschmeidigen, unprätentiösen Klavierstil seines Leiters, einer an die rollenden Ostinatos des Boogie Woogie angelehnten Technik der linken Hand und einer dem gleichen Stil verpflichteten Riff-Technik der Melodiestimme.[48] Riffs sind im übrigen das Erkennungszeichen des Basie-Orchesters, von dem starker Einfluß auch auf andere Orchester (Benny Goodman) ausging. Auf Basie geht auch die Technik von „head-riffs" zurück, spontan eingeführten, ständig wiederholten Begleitfiguren der Bläsersätze zur intensiven Unterstützung des Solisten: „Die unablässige Wiederholung bewirkt eine melodische Eintönigkeit, die jedoch durch die ständig wechselnde harmonische Basis der Wiederholungsphrasen wieder ausgeglichen wird. Während das Bewußtsein die Aufeinanderfolge einer stets gleichen Melodiephrase erlebt, wird das Unterbewußtsein durch das Gefühl ... eines beständigen harmonischen Wechsels in Bewegung versetzt. Die Aufspaltung von Bewußtsein und Unterbewußtsein ist die Ursache einer heftigen inneren Spannung" (Dauer 1961, S. 118). Ein weiteres wesentliches Merkmal des Basie-Stils und Klangbildes der Zeit war die Konsistenz der Rhythmusgruppe mit Basie selbst, Walter Page, Jo Jones und Freddy Green. Die gleichmäßige Betonung der Grundschläge (im Vergleich zum historischen Two-Beat-Jazz) wird durch den durchlaufenden, jede Zählzeit markierenden Baß, die Verlagerung der Schwerpunktbildung von der Baßtrommel auf die Becken beim Schlagzeuger und das durchgehende Akkordschlagen des Gitarristen zu einem bestimmenden Rhythmusideal des Swing.

Ausgelöst von einer Nivellierung des Phrasierungsstils und einer vereinheitlichten Tongebung wird die Satzführung von den

Trompeten auf die beweglicheren Saxophone übertragen, die zum beherrschenden Solo- und Satzinstrumentarium werden. Vielfach treten Swing-Orchester auch als Begleitensembles von Sängern auf.

„Where Shall I Go?" ist eine strikt 32-taktige Komposition in der standardisierten AABA-Form. Basie spielt zunächst — für seinen Stil typisch — einen rhythmusgruppenbegleiteten Einleitungschorus, wobei das Klavier die drei Teile des Schemas solistisch gestaltet, während die Trompete den B-Teil, die sogenannte „bridge", übernimmt. Erst danach setzt der Solist, die blues-orientierte Sängerin Helen Humes ein, deren zwei Chorusse von dem Orchester in typischer Riff-Manier akzentuiert und gestützt werden. Ein achttaktiges Riff-Nachspiel schließt die Komposition. Die sparsame Verwendung des Orchestertutti, die quasi-Trio-Besetzung, ist ebenfalls ein bestimmendes Stilkriterium des Swing und führt mit anderen (kommerziellen) Bedingungen zur Konstituierung sogenannter Bands in der Band, die vielfach auch alleine auftreten und besonders von Benny Goodman gepflegt wurden.

Benny Goodmans Orchesterstil ist deutlich dem von Count Basie verpflichtet, dessen Arrangements er oftmals auch übernahm.[49] Goodman hat die Basie-Technik der Riffs zu einem vordergründig effektvollen Instrument der Spannungssteigerung gemacht. Ein Hang zur showmäßigen Virtuosität kommt im übrigen auch in den extremen Höhen der Klarinettenimprovisationen („Sing, Sing, Sing") und in den obligatorischen Schlagzeugsoli Gene Krupas zum Ausdruck, die seither zu einer nicht immer musikalisch-kompositorisch motivierten Einlage des Auftritts von Jazzbands gehören. Dramaturgisch äußert effektvoll aufgebaut ist auch Basies „One O'Clock Jump" in der Interpretation des Goodman-Orchesters. Die 12-taktige Bluesform dient zunächst — wie im Basie-Stil — dem Pianisten zu einem viermaligen Durchspielen (mit gelegentlichen Boogie-Floskeln). Es folgen je zwei Chorusse des Tenorsaxophonisten und der Posaune, bis dem Leiter Goodman sechs Durchgänge zur Selbstdarstellung gewährt werden, teilweise wie vorher auch bei Saxophon- und Posaunen-Chorussen von Riffs unterstützt.

Wie spannungssteigernd diese Riffs eingesetzt werden, merkt man vor allem dann, wenn — wie im dritten Chorus von Goodman — die Bläserbegleitung wegfällt und geradezu ein Klangloch entsteht. Es folgen noch zwei Klavierchorusse, 2 Trompetenchorusse und höchst effektvoll vier reine Riff-Chorusse des Ensembles, dynamisch forciert und schließlich im 5. Chorus noch einmal von der unvermittelt einsetzenden Klarinette dramatisch überhöht.

Body and Soul
B♭ Tenor

Coleman Hawkins' Aufnahme mit dem berühmten, hier vollständig zitierten Solo über „Body and Soul" wirkt in dem Big Band- und Swing-Kontext deplaziert. Das Orchester bildet einen eher vagen, stark reduzierten Klangrahmen für zwei Chorusse von Coleman Hawkins über die 32-taktige AABA-Ballade „Body and Soul". Sie steht hier insofern am richtigen Platz, als die starke Nivellierung des Klangs im Swingorchester gleichzeitig eine Überpointierung der solistischen, höchst individualistischen Interpretation förderte, bis zu einem gewissen Grad sogar notwendig machte. Je mehr das Orchester sich dem Standard einer gut geölten Maschine näherte, desto dringender wurde die Individualisierung im solistischen Spiel. „Body and Soul" von Coleman Hawkins, dem neben Lester Young einflußreichsten Tenorsaxophonisten des Jazz bis in die 60er Jahre, gilt als eine der bemerkenswertesten Balladen-Improvisationen des Jazz. Sie sei hier zum vergleichenden Nachvollzug ganz zitiert.[50] Beachtenswert ist die für die Ära des Bebop später kennzeichnende völlige Abwesenheit der Grundmelodie, die gleichwohl in den ersten beiden Takten angedeutet wird.

Man studiere außerdem die ungeheure Komplexität der Harmonik mit einer chromatischen Rückung im Bridge-Teil sowie die interpretatorischen Ausweitungen von Coleman Hawkins, die weitschweifige Melodik, die — wie im modernen Jazz die Regel — überhaupt nicht sich an die Metrik und Strukturierung des Themas bindet, sondern frei alle Zäsuren und gefühlsmäßige Orientierung an Viertakt-Gruppierungen übersteigt.(Siehe Notenbeispiel S. 94—95)

Big Band Jazz als eine komplexe Organisationsform tendiert stets dazu, den vorgegebenen Jazz-Rahmen zu sprengen. Das läßt sich in den impressionistischen Klangstrukturen Duke Ellingtons ebenso feststellen wie in den Kollektiven des Globe Unity Orchestra. Das wenigstens partielle Verlassen des Jazzidioms hat selbst wieder zu einer eigenen Stilrichtung geführt, dem „Progressive Jazz", für den die Big Bands Stan Kentons charakteristisch geworden sind. Angedeutet hatte sich diese Richtung eines symphonischen Jazz allerdings schon in den Orchestern von Woody Herman, der seine erste Big Band 1936 als ein zwischen Dixieland und Blues lavierendes Ensemble zusammengestellt hat, mit seinem als „First Herd" bekannt gewordenen, erweiterten Orchester aber ab 1944 schon eine

Musik spielte, die Swing-Elemente, Cool-Jazz-Eigenschaften und eine experimentelle symphonische Form miteinander verband. Bezeichnend, daß für dieses Orchester Igor Strawinsky sein 1946 in der Carnegie Hall aufgeführtes „Ebony Concerto" komponiert hatte. Auch in der „Second Herd" von 1947–49 hat Woody Herman eine Verbindung aus Swing, Bebop und Progressive Jazz versucht. Woody Herman hat die herkömmliche Besetzung für Big Bands auf 15 Bläser und 3 Rhythmusinstrumente erweitert und einen charakteristischen Klang mit 3 Tenorsaxophonen und einem Baritonsaxophon geschaffen („Four Brothers Sound"), für den rhythmisch-melodisch äußerst komplizierte, quasi ausgeschriebene Chorusse gesetzt und die Saxophon-Soli in Art von „Battels" charakteristisch wurden.[5 1]
Für die Aufnahmen des Second Herd ist kennzeichnend ein aus dem Bebop stammender „Achtelnoten-Beat", die Unterbrechung des komplex arrangierten Themas durch Improvisationen, rhythmische Schwerpunktverlagerung auf die Zählzeiten zwei und vier im Schlagzeug (Aufgabe der Gitarren-Akkordbegleitung), die vielfache Aufteilung von Soli auf mehrere Instrumentalisten und in Nonen- oder Terzdezimen gesetzten Orchester-Riffs.[5 2]

Die eigentliche Richtung des „Progressive Jazz" wird von Stan Kenton vertreten, der den Begriff auch 1947 einführte. Mit seiner Musik hat sich Kenton bewußt ganz deutlich an die zeitgenössische europäische Kunstmusik angenähert. Die Anlehnung betrifft nicht nur die Besetzung des Orchesters mit Flügelhörnern, Oboen, Waldhörnern und anderen für den Jazz ungewöhnlichen Instrumenten, sie betrifft auch den Kompositionsstil, der vielfach die bis dahin für essentiell jazzmäßig gehaltenen Prinzipien des Swing und der Off-beat-Phrasierung sowie Improvisationen zugunsten eines komplex durchorganisierten, harmonisch avantgardistischen Werkes aufgab. Und sie betrifft nicht zuletzt auch das Aufgreifen von thematischem Material der europäischen Kunstmusik, die zu einer eigenen Richtung des „Third Stream Jazz" gehört und für die der Wagnersche Walkürenritt in Kentons Arrangement als Beispiel dienen mag. Stan Kenton: „It's time that we get away from that hackneyed part of the field of jazz music. I have always maintained that a thing doesn't necessarily have to swing all the time, to be jazz, because there's a certain way of playing music that came from the jazz conception that can be applied to rubato movement in music or any sort of time, any conception of time. It doesn't have to be always a swing thing."[5][3]

Bebop

„They teach you there's a boundary line to music, but, man, there's no boundary line to art."[54] Charlie Parkers Allerweltssatz über die Grenzenlosigkeit von Kunst ist insofern bemerkenswert, als er einen historischen Einschnitt in der Jazzentwicklung festhält. Jazz als Kunst, der Jazzmusiker als „autonomer" Künstler, das sind Vorstellungen, die erst in den 40er Jahren aufgekommen sind, und sie korrespondieren mit der Faktur der Musik. Bebop, die onomatopoetische Umschreibung einer rhythmischen Formel, übertragen auf eine Musizierweise im Jazz, entstand als individualistische Reaktion auf den restriktiven Arrangierstil des Swing. Diejenigen, die als seine Hauptvertreter angesehen werden — Charlie Parker und Thelonious Monk beispielsweise —, leugnen die These von der musikalischen Revolution des Bebop. Charlie Parker: „I don't think any one person invented it. I was playing the same style years before I came to New York. I never consciously changed my style."[55] Thelonious Monk: „Es ist wahr, daß die Popularität des modernen Jazz wahrscheinlich hier (im Minton's Playhouse) begann, aber einige dieser Geschichten und Artikel stopfen in ein einziges Jahr, was im Laufe von zehn Jahren passierte. Sie bringen die Leute alle zur selben Zeit und am selben Ort zusammen. Ich habe praktisch alle bei Minton's gesehen, aber sie haben da nur gespielt. Sie haben keine Vorträge gehalten."[56] Daß der neue Stil dennoch wie eine unvermittelte Revolution wirkte — Kritiken der Zeit, Aussprüche älterer Musiker, Reaktionen der Öffentlichkeit bestätigen es —, hängt vermutlich damit zusammen, daß Bebop nicht lediglich eine neue Musizierweise darstellte, daß mit dem Begriff vielmehr eine nonkonformistische Gesamthaltung beschrieben wurde. Die schwarzen Musiker, die nach ihren bezahlten Engagements zu Jamsessions in den Lokalen von Harlem in New York zusammenkamen, entwickelten gerade im Bewußtsein der kommerziell erfolgreichen und kompositorisch immer standardisierter werdenden Tanzmusik des Swing einen Anti-Entertainment-Auftritt, bei dem vom Publikum die Accessoires für die Sache selbst genommen wurden: dunkle Sonnenbrillen, ausgefallene

Kleidung, willkürlich einsetzendes und abbrechendes Solospiel, „unspielbare" Tempi, undurchschaubare Akkordprogressionen verdichteten sich zu einer öffentlich verdammten Bebop-Verrücktheit, ohne daß die kreativen Möglichkeiten verstanden worden wären. Die Anerkennung des Bebop als eine legitime Stilrichtung des Jazz geschah — wie so häufig — erst in einer Zeit, da die Musiker selbst andere musikalische Ziele verfolgten und sich bereits musikalisch in Richtung Free Jazz entwickelten.

Wann der Bebop sich nicht nur als eine bestimmte Phrasierungs- und Improvisationstechnik einiger Musiker, sondern als eine allgemein verbindliche neue Spielweise durchgesetzt hat, läßt sich nicht genau rekonstruieren, da klingende Dokumente wegen des zeitweiligen Aufnahmestops während des Zweiten Weltkriegs in den USA nur spärlich erhalten sind oder aber erst später veröffentlicht wurden. Man kann aber sicher sagen, daß den After-hour-Sessions in Minton's Playhouse ab 1942 mit Charlie Parker, Dizzy Gillespie, Thelonious Monk, Charlie Christian u. a. eine bedeutende Rolle zukommt.[57] Die erste offenbar Bebop spielende Combo, die nicht zu Jamsessions, sondern in einem bezahlten Engagement auftrat (wenn man davon absieht, daß in der Big Band von Earl Hines Charlie Parker, Howard McGhee oder Dizzy Gillespie Bop-Chorusse bliesen), war die gemeinsam von Dizzy Gillespie und Oscar Pettiford im Januar 1944 zusammengestellte Gruppe, zu der anfangs Don Byas, George Wallington und Max Roach gehörten, wobei diese wiederum aus einem Quartett hervorgegangen ist, in dem Lester Young, Dizzy Gillespie, Oscar Pettiford und Thelonious Monk im Dezember 1943 zusammenspielten.[58]

Vergleicht man Bebop-Aufnahmen mit Einspielungen früherer Stilperioden des Jazz, so fällt zwar einerseits die Verwurzelung in der Jazztradition bzw. Entwicklung aus der Jazztradition heraus auf, andererseits aber — und wohl auch von daher wird die Revolutionsthese gestützt — die stilistische Veränderung des gesamten musikalischen Konzepts. Form, Besetzung, Technik der Improvisation, Tongebung, Verhältnis der Instrumente zueinander, Rhythmusauffassung, Harmonik, Melodik, bis zur Intention der Musiker sowie der Funktion der

Musik — alles hatte sich sukzessive gewandelt. Die charakteristische Bebop-Spielweise erschöpft sich keineswegs mit dem sogenannten Achtelnoten-Beat und der bevorzugten Verwendung der flatted fifth (verminderte Quinte). Sieht man zunächst den Standpunkt der Musiker, nicht mehr Unterhaltung zu bieten und sich nicht mehr in ein arrangiertes Großkonzept einzupassen, so ergeben sich daraus weitreichende musikalische Konsequenzen. Für jemanden, der gegen das Unterhaltungsbedürfnis des Publikums angehen möchte, bieten sich verschiedene Verhaltensstereotypen: zu schocken, bewußt zu langweilen, eine musikalische Insidersprache zu kreieren, introvertiert für sich selbst zu spielen — Tendenzen, die alle im Bebop angelegt sind. In diesem Zusammenhang ist beispielsweise die häufige Vernachlässigung des äußerlich-formalen Aspekts der Kompositionen zu sehen. Wichtig wird nicht ein kunstvoll gefertigtes Arrangement oder die Erfüllung einer durch das Thema vorgegebenen Norm (die das Publikum hörend nachvollziehen kann), sondern vor allem die sich im Chorus verwirklichende Aussage des individuellen Musikers. Viele Bop-Aufnahmen verzichten auf einen melodisch-thematischen Rahmen und beginnen schon mit der Improvisation, ohne jemals das Thema angespielt zu haben (oder aber es werden Improvisationen bereits in das Thema, vor allem im B-Teil einer AABA-Form, eingefügt). Auf Ausgewogenheit zwischen Thema und Chorus wird vielfach verzichtet. Der Weitschweifigkeit des Improvisators wird variabel Raum gewährt. Die Nonchalance gegenüber dem thematischen Material und die gleichzeitige Aufwertung der Verarbeitungstechnik wird evident auch darin, daß man oft nicht mehr Nummern komponiert, vielmehr auf alte Kompositionen zurückgreift, nur das harmonische Gerüst übernimmt, dann allerdings durch Substitutionsakkorde, Alterationen und andere harmonische Erweiterungen spontan verändert. Die Phrasierung — wie dies schon bei dem Coleman Hawkins-Beispiel deutlich wurde — richtet sich nicht mehr nach den traditionellen Strophenzäsuren, sondern überspielt diese, um an unvermittelten Stellen abzubrechen oder neu einzusetzen (Dauer spricht in diesem Zusammenhang von Suggestivpausen bei Charlie Parker). Im Zuge der Individualisierung des musikalischen Konzepts löst sich auch die Rhythmusgruppe von ihren traditionellen Funktionen der Akzentuierung der Grundschläge. Das Klavier verzichtet ebenso wie die Gitarre auf durchgehende Harmoniestütze, sondern markiert mit sogenannten fill-ins und fill-outs bestimmte Stellen. Das Schlagzeug wird solistisch freier eingesetzt, hat die Möglichkeit, nicht nur an den Strophenenden (die ja im traditionellen Sinne ohnehin nicht mehr existieren) solistisch hervorzutreten, sondern praktisch in jedem Instrumentalchorus (siehe dazu: LeRoi Jones, 1963, S. 249).

Die wichtigsten Veränderungen betreffen die innermusikalische Bewegung von Rhythmus, Harmonik und Melodik. Zum sogenannten Achtelnoten-Beat formuliert Gunther Schuller eine interessante Theorie: „In addition, the African, by all available evidence, feels what we call an eighth note as his basic rhythmic unit, rather than the quarter-note division common in European music . . . This fact of course, leads to the interesting speculation whether the penchant in ‚modern jazz' to feel the eighth note as a basic time unit is in any way related to African music. It is certainly clear by now that one of Charlie Parker's most enduring innovations was precisely this splitting of the four beats in a bar into eight. Was this — like the emergence of some underground river — the musical reincarnation of impulses subconsciously remembered from generations earlier and produceable *only* when the carrier of this memory had developed his instrumental technique sufficiently to cope with it?" (Schuller, S. 25). Schullers Theorie erhält besonderes Gewicht durch die Tatsache, daß an der Entwicklung zum Bebop ausschließlich schwarze Musiker beteiligt gewesen sind. Bei Charlie Parker und anderen Bebop-Musikern geht die Verwendung von Achtelnoten- oder Sechzehntelreihungen einher mit einer Ablösung des punktierten Legatos des Swing durch eine an sich gleichmäßige, unpunktierte Bewegung, in der allerdings extensiver Gebrauch von Off-Beat-Akzenten gemacht wird. Diese Akzentuierungen, die oft asymmetrisch erfolgen, geschehen nicht durch Unterbrechung des Legato-Flusses und neues Anstoßen der Töne, vielmehr durch Wechsel der Intensität, mit der eine Note angeblasen wird. Auf diese Weise werden in einer

Achtelbewegung manche Töne so schwach angeblasen, daß sie fast nur gedacht (oder besser gefühlt) als gehört werden können.

Charakteristische Bebop-Phrasierung mit entsprechenden Akzenten:

Solche Techniken lassen sich in zwei beliebig herausgegriffenen Beispielen, Charlie Parkers „My Melancholy Baby" und Clifford Browns „Sweet Clifford" nachweisen. „My Melancholy Baby" (1911) ist eines jener alten Themen, die im Bebop aufgegriffen und harmonisch erweitert interpretiert wurden. Der 32taktigen Komposition in der Form AB geht ein achttaktiges Klavierspiel voraus, in das – die Zäsur im oben genannten Sinne überspielend – Charlie Parker bereits im achten Takt einsetzt, das Thema gleich im ersten Chorus variativ verändernd. Es folgen ein Chorus von Dizzy Gillespie und je ein halber Chorus von Thelonious Monk und Parker mit einer kurzen Schlußkadenz. Bemerkenswert ist das als Erkennungsmerkmal der Komposition stets wiederkehrende Motiv von chromatischem Viertonaufstieg und zweimaligem Sekunden-Abstieg, auf das die thematische Substanz der Komposition im Grunde reduziert wurde:

„Sweet Clifford" ist eine 32taktige Komposition, der die Harmoniefolge der bekannten Jazz-Nummer „Sweet Georgia Brown" zugrunde liegt.[59] Harmoniefolge von „Sweet-Clifford": F7| -| -| -| Bb7| -| -| -| Eb7| -| -| -| Ab|Eb7|Ab|C7|F7| -| -| -| Bb7| -| -| -| Fm | C7| Fm | C7| Ab7 G7| Gb7 F7| Bb7| Eb7| Ab|| Zwar handelt es sich um ein völlig anderes melodisches Konzept, aber zumindest die strikte Phraseneinteilung von „Sweet Georgia Brown" mit einem dreimaligen, sequenzartigen Aufgreifen und harmonischen Umgestalten eines 4-Takt-Motivs ist auch in „Sweet Clifford" erhalten geblieben. Gerade in seinem immensen Grundtempo und der Reihung von Achtel- bzw. Sechzehntelnoten-Chorussen — vor allem von Clifford Brown selbst —, ferner in der Integration von viertaktigen Schlagzeugbreaks in das Thema und dem extensiven Ausspielen der Bläser ließe sich „Sweet Clifford" als prototypisches Bop-stück verstehen. Die Halbierung des Tempos zum Schluß — eine beliebte, mit einer langen Tradition behaftete Technik im Jazz — geht hier einher mit dem spielerischen Zitieren eines Motivs aus Coleman Hawkins' „Hollywood Stampede". Diese Technik des Aufgreifens von bekannten, signalhaft einbezogenen Motiven anderer Kompositionen in die eigene Improvisation gehört ebenfalls zu einer beliebten Methode, die sich bis zu den virtuosen Improvisationen Keith Jarretts fortgesetzt hat. Beide Kompositionen (My Melancholy Baby und Sweet Clifford) werden von typischen Bebop-Besetzungen — Trompete, Saxophon, Klavier, Baß, Schlagzeug — interpretiert.

Cool Jazz

Wer sich mit dem Jazz befaßt hat, der weiß, daß „Cool" nicht nur einen bestimmten Stil verkörpert, sondern auch eine Attitüde der Musiker umschreibt, zu der LeRoi Jones eine aufschlußreiche Bemerkung gemacht hat: „Der Begriff cool bedeutete in seinem ursprünglichen Kontext eine spezifische Reaktion auf die Welt, ein spezifisches Verhältnis zur jeweiligen Umgebung. Er definierte eine tatsächlich existierende Einstellung. Cool zu sein hieß in seiner verständlichsten Bedeutung, ruhig, ja unbeeindruckt zu sein bei allem Schrecklichen, das täglich passieren kann. Wie der Begriff von Negern gebraucht wurde, mußte das Schreckliche einfach in der altbekannten und stets vorherzusehenden Haltung des weißen Amerika liegen. In gewissem Sinne ist diese ruhige bzw. stoische Unterdrückung des Leidens so alt wie der Eintritt des Negers in die Sklavengesellschaft ..." (LeRoi Jones, S. 270 f.).

LeRoi Jones zielt hier auf eine bestimmte Verhaltensnorm, die sich auch musikalisch dingfest machen läßt. In dem Sinne, wie Jones den Begriff verwendet, ist er keine Negation der Hot-Spielweise und keine Reaktion auf den Bebop, sondern gewissermaßen dialektisch auf ihn bezogen. Die Jones-These wird dadurch gestützt, daß viele Musiker Bebop und Cool als zwei Ausdrucksmöglichkeiten nebeneinander ansahen (Lester Young und Miles Davis beispielsweise), Bebop und Cool gemeinsame stilistische Merkmale aufweisen. Daß viele weiße Jazzmusiker gerade die Cool-Richtung mitgeprägt und im Westcoast-, im Third-Stream- sowie im Progressive Jazz weiterentwickelt haben, sollte nicht – wie dies bei LeRoi Jones anklingt – gegen den Stil verwendet werden. Gewiß ist die Tongebung des Cool Jazz-Stils der europäischen Tradition gemäßer, sicherlich haben die Verwendung großorchestraler Besetzungen und komplexer Arrangements im Progressive Jazz eines Stan Kenton mehr Beziehung zu euro-amerikanischem als zu afro-amerikanischem Klangideal. Aber so wenig es statthaft ist, die afro-amerikanische Spielweise und Verhaltensnormen vom Standpunkt eines euro-amerikanischen Ideals her zu beurteilen, so ungerechtfertigt erscheint es auch, den Jazz in allen

Phasen seiner Entwicklung an seinem afrikanischen Erbe messen zu wollen.

Zur Kennzeichnung eines Stils — über die Verwendung als Ausdrucksgehalt hinaus — dient der Begriff „Cool" im Jazz seit den Aufnahmen des Miles Davis Capitol Orchestra von 1949/1950. Analog zur Entwicklung des Bebop gab es allerdings auch hier wenigstens eine Dekade zuvor Tendenzen, die die neue Klangqualität, das neue Stilideal ankündigten; so etwa das Orchester von Claude Thornhill ab 1940, zu dessen charakteristischen Merkmalen ein vorwiegend vibratolos gespielter Bläsersatz und eine Erweiterung der Besetzung um die im Klang verbindenderen, weicheren Flügelhörner gehörten; Merkmale, die auch im Cool Jazz von Miles Davis konstitutiv wurden. Daß sich Bebop und Cool Jazz weniger von der musikalischen Substanz (Harmonik, Rhythmik, Form) als von der Tongebung her unterscheiden, wurde schon angedeutet. Gerade in dieser Hinsicht einer zum „Understatement" neigenden, nüchtern indifferenten Intonation (im Vergleich zur Hot-Intonation) sowie einer entspannten Rhythmusauffassung mit einer retardierenden Off-beat-Phrasierung, ist noch vor dem Capitol Orchestra von Miles Davis der Saxophonist Lester Young berühmt gewesen.

Die Miles Davis Band von 1949 erreichte eine völlig ausgeglichene Klangeigenschaft nicht nur durch diese Phrasierungs- und Intonationsmerkmale, sondern auch durch einen ungewöhnlich homogen besetzten Klangkörper mit Trompete, Flügelhorn, Posaune, Tuba, Altsaxophon, Baritonsaxophon, Klavier, Baß und Schlagzeug. Darüber hinaus wurden die Stimmen kontrapunktisch arrangiert, Dissonanzen gewissermaßen logisch stimmführungstechnisch eingebunden und nicht als expressiv-improvisatorische Akzente wie im Bebop frei eingeführt. Auffallend und gleichzeitig typisch für den Cool Jazz sind in „Venus de Milo" die gehaltenen quasi unrhythmisierten Stützakkorde des Bläsersatzes über der melodieführenden Trompete bzw. dem Altsaxophon, ferner das improvisiert wirkende, tatsächlich aber arrangierte Thema sowie die arrangierte Bläserbegleitung der Trompete, die zurückhaltende Besen-Technik des Schlagzeugs und schließlich die Konzentration des thematischen

Komplexes auf Repetitionstöne und ein prononciertes Intervall.

Interessant und gleichzeitig kennzeichnend für die teilweise Überlappung von Bebop und Cool ist die Tatsache, daß die Aufnahmen des Nonetts von Miles Davis im Januar und April 1949 sowie im März 1950, die später unter dem Slogan „Birth of the Cool" wiederveröffentlicht wurden, ursprünglich als Produktion im Bebop-Idiom intendiert waren und teilweise auch als solche veröffentlicht wurden.

Eine avanciertere Richtung noch als die von Miles Davis schlug die sogenannte Tristano-Schule ein, die vor allem den harmonischen Aspekt betonte, bewußte Kontrapunktik verfolgte und den Klang noch mehr an den reinen Ton des europäischen Ideals anglich. Mit welcher harmonischen Raffinesse im Cool Jazz eines Lee Konitz und Lennie Tristano gearbeitet wurde, demonstriert ein Werk wie „Subconscious-Lee".

Das Stück geht – analog der Technik des Bebop – harmonisch auf die Cole Porter-Komposition „What Is This Thing Called Love?" von 1929 zurück. Zunächst ist wie für den Bebop ein Achtelnotenbeat der Melodielinie charakteristisch, eine Verschleierung der Viertakt-Zäsuren sowie ausgiebiger Gebrauch von unvermittelten Pausen. Cooljazzmäßig ist die Linearität der Instrumentalführung, die indifferente Tongebung und die Angleichung der Klangqualität von allen Instrumenten.

Der Gebrauch von Alterationen, Vorhalten und Substitutsakkorden durchzieht alle Improvisationen.[60] Konitz' Solo beginnt gleich mit einem chromatischen Lauf, der akkordisch nicht lokalisierbar ist, vor allem aber nicht als A^7 aufzufassen ist, der Akkord, der dem Thema zugrunde liegt:

Interessant sind die Takte 9 und 10, in denen das originale A^7 nicht zu A^9 erweitert wird (die Harmonietöne cis und a fehlen bzw. treten nur auf schwachem Taktteil auf), sondern als E-moll beziehungsweise Es-Dur umgedeutet werden:

E-moll   Es-dur

Im Takt 17, Takt 21 und Takt 23 werden die im Thema vorhandenen Spetimakkorde auf D, F und E erst einen Takt später gebracht und vorher — analog zu Takt 9 und 10 — mit den jeweiligen Moll-Akkorden substituiert, die sich aus der Erweiterung der Grundakkorde ergeben:

A-moll   C-moll   H-moll

Eine flatted fifth (verminderte Quinte bzw. eigentlich übermäßige Quarte), das charakteristische Intervall des Bebop und des Cool Jazz ergibt sich beispielsweise im Takt 12: (As) Gis über einem D-Moll-Akkord:

T. 11—12

Einige Phrasen von Lee Konitz' Solo zeigen, wie die Töne im Bebop und Cool Jazz akzentuiert werden, wie durch die frei eingesetzten Betonungen in einer legato-Phrase starke Spannung erzeugt wird:

T. 23 ff.

Westcoast/Mainstream

Eine direkte Fortsetzung erlebte der Cool Jazz im sogenannten Westcoast-Jazz. „Datiert" wird dieser Stil von dem Zeitpunkt an, da der Trompeter Shorty Rogers das Stan Kenton-Orchester 1950 verließ und eine eigene Gruppe, die „Shorty Rogers' Giants", mit herausragenden Musikern des Woody Herman-Orchesters gründete. Der Westcoast-Jazz ist häufig als die glatte Retortenmusik von Hollywood-Studios abqualifiziert worden. Inwieweit diese Musik aber tragfähige künstlerische Ergebnisse erzielte, läßt sich an einer der wichtigsten Formationen dieser Stilrichtung erkennen, dem Gerry Mulligan Quartet, das im Jazz eine neue „klassizistische" Formvollendung anstrebte. Mulligan verzichtete auf das Klavier, schuf damit ein neues Klangideal, indem er — das Harmonieinstrument ersetzend — zur Stützung des Solisten harmonisch konzipierte Stimmen mit dem Baritonsaxophon einführte und damit eine Linearität schuf, bei der dem Baß eine wichtige Funktion als harmonisches Basisinstrument und gleichzeitig melodisch-kontrapunktisch geführte Nebenstimme zukam. So sind denn auch in „Walkin' Shoes" vor allem die Kontrapunkte von Ventilposaune und Baritonsaxophon sowie die Alternierung zwischen melodischem Baß und Blasinstrumenten am Ende der Komposition prägnante Merkmale des kammermusikalischen Stils der Gruppe.

Walkin' Shoes:
Form: 32taktige AABA-Form
Interpretation:
Thema — 1. Chorus — 2. Chorus — 3. Chorus — 4. Chorus
         (Bariton)   (Posaune)   (Tutti)   (Baß alter-
                                            nierend mit
                                            Bläsern)

Thema:

Hardbop

Über Reaktionen und Gegenreaktionen ist — wie in jeder Kunstgattung — auch im Jazz viel spekuliert worden. Die Veränderungen stilistischer, konzeptueller und ausdrucksmäßiger Art im Jazz sind in den selteneren Fällen nur in der Form eines sichtbaren und leicht abgrenzbaren Reaktionsschemas vor sich gegangen. Meist haben sich neue Musizierformen allmählich entwickelt, haben Charakteristika für einen bestimmten Stil schon in der Improvisationsform älterer Musiker ihren Stellenwert besessen, sind nur in einem neuen Kontext besonders betont worden. Das Schema New Orleans ⟶ Chicago → Swing Bebop → Cool → Hardbop → Free Jazz ist eine Hilfskonstruktion, der man sich zur Demonstration bedienen kann, deren lediglich relative Gültigkeit man aber stets vor Augen haben sollte.

Den Hardbop als eine bewußte und direkte Gegenreaktion zum Cool Jazz zu deklarieren, ist zumindest nur die halbe Wahrheit, geht außerdem davon aus, daß Cool und Hardbop zwei formal und stilistisch abgrenzbare, definierbare Stränge der Jazzentwicklung gewesen seien. Schon bei der Behandlung des Bebop sollte deutlich geworden sein, wie stark die Cool-Spielweise und der Bebop in einem Kontext gesehen werden müssen. Bebop ist ein Stil seit Mitte der 40er Jahre gewesen, der als eine Musizierweise seine Gültigkeit behalten hat, auch in der Zeit, als der Cool Jazz vordergründig die „populärere" Aussageform und Stilrichtung gewesen ist. Der Hardbop ist somit nicht ein Wiederaufgreifen der vitalen Bebop-Spielweise nach der Ästhetisierung des Jazz-Idioms im Cool Jazz, sondern eine eher kontinuierliche Weiterentwicklung des Bebop, mit allerdings gewissen „regressiven" Zügen. Martin Williams hat unter dem Schlagwort „The Funky-Hard Bop Regression" dargelegt, worauf der Hardbop gründet: auf einer Verbindung der Bebop-Spielweise mit einer starken affektiven Bindung an die Kirchen- und Gospelmusik und den Blues als Quellen neuer Inspiration.[61] Das melodische Geschehen wurde im Hardbop vielfach auf ein Motiv, oft ein Riff-Motiv, das dem Thema zugrunde lag, bezogen. Die Improvisationen machten extensiven Gebrauch von Blue notes, expressiv wiederholten und sequenzierten, signalhaften Phrasen, denen ein intensiver Beat unterlegt wurde. Die Akkordprogressionen des Bebop wurden wieder reduziert auf eine geringfügig erweiterte I-IV-V-Kadenzierung. Die Tendenz war eindeutig: Energie, Expression statt introvertierter Abgeklärtheit wie im Cool Jazz.

Art Blakey's 1955 gegründete „Jazz Messengers" gelten als prototypische Hardbop-Formation. Ein Stück wie „Moanin' " verdeutlicht die musikalische Konzeption: Thematische Reduktion auf leicht memorierbares, eingängiges, blue note-gesättigtes Motiv, das gleichzeitig zum Ausgangspunkt langer Solo-Chorusse wird:

Typisch für den Hardbop ist auch das in „Moanin' " aufgegriffene Alternieren von das Motiv vorstellendem Klavier und der akkordischen Beantwortung durch die Instrumente: eine Call-and-Response-Technik, wie sie für den frühen Jazz und die afro-amerikanische Kirchenmusik typisch war. Charakteristisch hardbopmäßig wirkt gerade das Solo des Trompeters Lee Morgan mit einem Einstieg durch expressive Tongebung und einer Phrasenbildung aus einem mehrfach wiederholten, hart attackierten Dirty tone. Auch im Laufe der Improvisation wiederholt Morgan ständig formelhaft Melodiefragmente und lädt das Solo durch mehrmaliges Ansetzen zu einem Motiv expressiv auf.

Andere Charakteristika des Hardbop sind die starke Präsenz des Schlagzeugs von Art Blakey mit für ihn typischen weitausholenden Crescendi, stark akzentuierter Schwerpunktbildung und einer kontinuierlichen Beckenarbeit, ferner die Reduktion des Arrangements auf thematische Bezugsrahmen und die spürbare Hot-Intonation.

Anfangs als eine Revitalisierung des Jazz empfunden, hat gerade die Reduktion des musikalischen Bezugsrahmens, die Vernachlässigung des kompositorischen Ablaufs, die Formelhaftigkeit der expressiven Melodiegestaltung einer Trivialisierung des Hardbop-Idioms Vorschub geleistet. LeRoi Jones: „Die Hardbopper versuchten, neues Leben in den Jazz zu bringen, gingen aber nicht weit genug" (LeRoi Jones, S. 275).

Third Stream Jazz

Der Begriff „Third Stream" suggeriert, daß es sich dabei um eine dritte Kraft neben Jazz und all dem, was der Jazzmusiker unter „Klassik" subsumiert, handelt. In Wirklichkeit war der „Third Stream" in seiner aktuellen Zeit zwischen 1950 und 1960, aber auch in seinen Vorformen (beispielsweise der Zusammenarbeit zwischen Woody Herman und Igor Strawinsky) und in den sporadischen Belebungsversuchen bis heute eher ein Appendix zur Jazzentwicklung, ein experimentell ausgerichteter, intellektuell motivierter Versuch, Elemente der beiden Musikarten Jazz und „Klassik" zu verbinden.

Winthrop Sargeant, mit seinem Buch „Jazz Hot and Hybrid" der erste wissenschaftliche Analytiker des Jazz, sah denn auch nicht ganz zu Unrecht im „Third Stream" mehr die äußere Wirkung als die innermusikalische Notwendigkeit: „Carnegie-Hall-type prestige for the jazz-artist and a badly needed blood transfusion for the modern ‚classical' composer"[6][2] Der Terminus „Third Stream" wurde von Gunther Schuller geprägt und bezog sich vor allem auf dessen Aufnahmen mit dem Modern Jazz Quartet. Die tatsächliche, angestrebte (und nicht zufällige) Verbindung von Jazz mit zeitgenössischer Musik ist jedoch älter als die terminologische Fixierung Gunther Schullers. Genannt seien hier nur Debussys „Children's Corner" und Strawinskys „Ragtime" (ursprünglich für den ungarischen Cymbal-Spieler Aladár Rácz geschrieben), Darius Milhauds „La Création du monde", die Opern von Kurt Weill oder etwa Rolf Liebermanns „Concerto für Jazzband und Symphonieorchester".

Zu einer eigenen Stilrichtung konnte es allerdings erst kommen, als die Verbindung von Jazz und zeitgenössischer euro-amerikanischer Musik aus dem Stadium der exotischen Bereicherung und des sporadischen Aufgreifens durch zeitgenössische Komponisten heraustrat, die Interessen von beiden Seiten – den Jazzmusikern und den „Klassikern" – in gleicher Weise ausgingen, außerdem die Bewegung eine gewisse tendenzielle Vorbereitung im Cool und Progressive Jazz erfahren hatte.

Das Modern Jazz Quartet nimmt in der Geschichte des Jazz

in vielerlei Hinsicht eine herausragende Position ein. Ähnlich dem Wirken des Duke Ellington Orchesters hat der „kammermusikalisch-philharmonische Gestus" der Musik dieses von 1951 bis 1974 (von 1955 an in stets gleicher personeller Besetzung) existierenden Ensembles wesentlich die Anschauung vom Jazz als einer Kunstform gefördert und dem Jazz Ansehen in der zeitgenössischen Musik verschafft.[6][3] Für Alfons Dauer stellt das Schaffen des MJQ „in dem Bezug sämtlicher musikalischer Äußerungen auf eine zentrale Formidee den Höhepunkt in der bewußten und kontrollierten Schaffensweise der bisherigen Jazzgeschichte" dar. Noch nie seien sich europäische Musiktradition, Neue Musik und Jazz-Idiom näher gewesen. Daß sich Form, Melodik, Harmonik, bis zu einem gewissen Grad auch Rhythmik, Klangfarbe und Intonation der beiden musikalischen Sprachen angleichen können, daß aber dennoch die typischen Ausdrucksqualitäten, die sich in der Tempoauffassung (Swing, Off-beat und Timing im Jazz) und in der Phrasierung ausdrücken, relativ hermetisch wirken, dafür bietet die Aufnahme des MJQ mit dem Beaux Arts Streichquartett „Sketch" Hörmaterial. Die Komposition, der „Sketch I" von John Lewis um sechs Jahre vorausging, ist im oben genannten Sinne vor allem interessant in den drei Partien, in denen das Streichquartett und das MJQ gemeinsam musizieren (siehe Teil 3, 5, 7 und 9, wobei 9 die Reprise von 3 darstellt):

Teil 1	Teil 2	Teil 3	Teil 4	Teil 5
Vorspiel 8 Takte B + dr. „in time"	Streichq. frei	Streichq. + MJQ 11 Takte „in time"	MJQ 64 Takte „in time" (double-time)	Streichq. + MJQ 32 Takte „in time"

Teil 6	Teil 7	Teil 8	Teil 9
MJQ 56 Takte „in time"	Streichq. + MJQ 32 Takte „in time" Modulationen	Streichq. „in time" + freier Schluß	Streichq. + MJQ 11 Takte „in time"

In Teil 3 (9) wird dem Streichquartett über eine Trillerfigur fast ausschließlich Akkordstützfunktion zugestanden, bis auf eine kurze Kantilene, die sich (allerdings nicht in der Reprise des Teils 9) vom MJQ ausgehend auf das Streichquartett überträgt. Das gleiche trifft modifiziert auf Teil 5 zu, wobei hier das Quartett die fill-in-Technik des Jazz mit einer Riff-Motivik verbindet. Im Teil 7 ist das Streichquartett genauso auf amorphe Triller-Akkorde beschränkt, um damit die Modulationen zu stützen. Im 2. Abschnitt dieses Teils 7 erst musizieren beide Parteien gleichberechtigt, was sich konsequenterweise auch in einem „jazzmäßigen" Arrangement des Streichquartetts (Teil 8) mit stark synkopierten Phrasen fortsetzt. Zur Demonstration des Unterschieds von Jazz und „jazzmäßig" vergleiche man gerade diesen Anfang des Teils 8 mit Teil 4 oder Teil 6. Auch der mitlaufende Baß des MJQ kann nicht verhindern, daß das Streichquartett in Teil 8 strikt auf dem Beat spielt, nicht swingt, euro-amerikanisch phrasiert.

Free Jazz

„To me, free is not a style. It's a personal ability. Playing free is not having to have a style ..."⁶ ⁴ Ornette Colemans Anmerkung zum Free Jazz, den er als eine der herausragenden Figuren mitgeprägt hat, ist — bezogen auf die musikalische Praxis seit 1960 — richtig und utopisch zugleich. Der Begriff Free Jazz, der erst in der Retrospektive nach 1965 die fünf Jahre zuvor in einem Innovationsprozeß entstandene und zunächst unverbindlich als „new thing" charakterisierte Musik umschrieb, wird sinnvoll nur als ein Sammelbegriff für verschiedene musikalische Ausdrucksmöglichkeiten verstanden werden können — wenn er nicht als ein dem Begriff „postseriell" analoges Versatzstück zur Bezeichnung dessen, was nicht zu bezeichnen ist, fungieren soll.

Daß die Freiheit, die der Begriff impliziert, gleichwohl — man könnte auch sagen gottseidank — die Ausbildung von Personalstilen, sogar von allgemeineren Stilprinzipien nicht verhinderte, läßt sich an dem musikalischen Material, und nicht zuletzt an dem von Ornette Coleman selbst, exemplarisch nachweisen. Wenn der Free Jazz als ein fundamentaler Bruch mit der Jazztradition empfunden wurde — und zwar in weit größerem Maße als zwei Jahrzehnte zuvor der Bebop —, so hängt dies mit allgemeineren Prinzipien zusammen, die sich unabhängig von stilistischen Divergenzen bei vielen Jazzmusikern in der ersten Hälfte der 60er Jahre gemeinsam ergaben und die eine Parallele zur atonalen und später zwölftönigen Komponierweise Arnold Schönbergs gestatten: die Aufgabe von Improvisationen auf der Basis von Akkordprogressionen, die Unabhängigkeit von herkömmlichem thematisch-formalem Bezugsrahmen und die Negierung eines durchlaufenden Fundamentalrhythmus.

John Coltranes „Olé" wird hier als ein Beispiel erwähnt, das gewissermaßen eine Entwicklungsstufe zum Free Jazz darstellt. Natürlich kann nicht davon die Rede sein, daß „Olé" eine Komposition in die Richtung des Free Jazz ganz allgemein darstellt, oder gar eine Vorstufe zu der von Ornette Coleman oder Cecil Taylor entwickelten Musizierweise. Im oben beschriebenen Sinne kann es nur ein Schritt zur Entwicklung des

Schaffens von John Coltrane selbst sein. Coltranes und Colemans musikalische Werdegänge unterscheiden sich gerade dadurch, daß der eine (Coltrane) auf innermusikalischem Wege realtiv spät erst (1965) zum Free Jazz kam, während der andere (Coleman) einen wesentlich radikaleren Einschnitt zur Jazztradition bereits auf der Wende der 50er Jahre zu den 60er Jahren vollzog. Charakteristisch für John Coltranes Spielweise schon im Ensemble von Miles Davis, zu dem er ab 1955 gehörte, waren die von dem Kritiker Ira Gitler anschaulich als „sheets of sound" bezeichneten Phrasen, den Eindruck von Klangflächen erweckenden Tonkaskaden, die in der Geschwindigkeit des Ablaufs kaum mehr fixierbar schienen und so auf innermusikalischem Wege das Metrum in Frage stellten (wenn auch nicht auflösen konnten). Coltrane selbst hat dazu bemerkt: „About this time (1958) I was trying for a sweeping sound. I started experimenting because I was striving for more individual development. I even tried long rapid lines that Ira Gitler termed ‚sheets of sound' at the time. But actually, I was beginning to apply the three-on-one chord approach, and at that time the tendency was to play the entire scale of each chord. Therefore they were usually played fast and sometimes sounded like glisses. I found there were a certain number of chord progressions to play in a given time, and sometimes what I played didn't work out in eighth notes, 16th notes, or triplets. I had to put the notes in uneven groups like fives and sevens in order to get them all in."[65]

Ein weiteres Charakteristikum kam Ende der 50er Jahre hinzu: die in Anlehnung an indische Musiktheorie als „modal" gekennzeichnete Spielweise oder die Reduktion der Akkordgrundlage auf einen einzigen, als „tonales Zentrum" verstehbaren Akkord.[66] Die modale Spielweise und die Konzeption eines Stückes auf einem Akkord hatte weitreichende Konsequenzen. Sie befreite nämlich das melodische Geschehen von harmonischen Restriktionen die schon im Bebop als solche empfunden wurden und durch das Überspielen von Zäsuren wenigstens dem Anschein nach ihre Wirkung einbüßten. Aber erst die modale und auf ein tonales Zentrum fixierte Musik ermöglichte melodische Bewegungsfreiheit in einem größeren Ausmaß.

„Olé", schon im Titel bezugnehmend auf die folkloristische Musik spanischer Provenienz, basiert auf einem phrygischen Modus über H (in der Jazz-Schreibweise B):

Das Thema im 3/4-Takt, dem dieser Modus unterliegt, wird von John Coltrane in seinem ersten Chorus nicht an den Anfang gestellt, sondern erst im Verlauf der Improvisation exponiert:

Dieses Thema wird im Schlußchorus von Coltrane wiederholt. Sowohl der Trompeter Freddie Hubbard als auch McCoy Tyner sowie der Bassist Reggie Workman greifen auf dieses melodische Modell zurück, wobei vor allem McCoy Tyner das folkloristische Kolorit besonders exponiert:

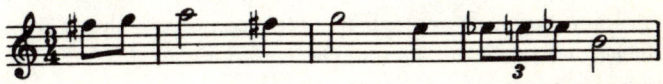

Radikaler und abrupter als alle anderen Musiker zu seiner Zeit hat Ornette Coleman mit der Jazztradition gebrochen. Die lapidare Feststellung könnte um einen Satz ergänzt werden, der zur Charakterisierung vieler Jazzmusiker — und meist mit wenig oder doch zumindest weniger Berechtigung — herhalten mußte: Seine Musik kam einer Revolution gleich. Und es gibt kaum ein vergleichbares Dokument in der „Schallplattenkunst" Jazz, das so wie Ornette Colemans mit einem Doppelquartett unter dem Titel „Free Jazz" aufgenommene knapp 40-minütige Improvisation ein Schlüsselwerk darstellt. Daß die Aufnahme und der Auftritt Ornette Colemans im New Yorker „Five Spot", bei dem ein realtiv unbekannter Mann seine Innovationen gleich gebündelt feilbot, wie ein Fanal gewirkt hat, belegt die bis zur Mitte des Jahrzehnts anhaltende, heftige Diskussion über die neue musikalische Ausdrucksqualität.[6 7] Colemans Neuerungen lassen sich auf drei Ebenen dingfest machen: im kompositorischen Konzept, in der Interaktion der Musiker sowie im individuellen Improvisationsstil, wobei die verschiedenen Strukturen einander vermittelt sind. Coleman hat in einem Interview Jahre später kurz und bündig mitgeteilt, was sich ohne weiteres rückwirkend auf seine „Free Jazz"-Aufnahme beziehen läßt: „I think basically that I try to stay with the traditional concept of being an improvisor without having to rely upon Tin Pan Alley structure" (Bourne). Coleman meint nicht mehr und nicht weniger, als daß die tradierte und auch im Bebop verbindliche 32taktige AABA-Form mit mehr oder weniger komplizierten Akkordfortschreitungen für ihn keine Gültigkeit mehr besitzt, ihn nur daran hindert, Improvisator zu sein. Zur Interaktion der einzelnen Musiker sei der vielzitierte Ausspruch Ornette Colemans wiederholt: „Let's play the Music and not the background."[6 8] Jost, der sich gerade mit Colemans Musik auseinandergesetzt hat, interpretiert den „Background" konsequent als die bis in die 50er Jahre geltenden Normen des harmonischen, formalen und rhythmischen Ablaufs, die von Stil zu Stil im Jazz nur graduellen, nie aber prinzipiellen Veränderungen unterworfen waren. Ob New Orleans Jazz, Swing, Bebop, der durchlaufend akzentuierte (wenn auch jeweils anders betonte) Beat, die harmonische (wenn auch immer mehr erweiterte) Grundlage zur Improvisation im Chorus, die strikte (wenn auch durch arrangierte Passagen und Übergriffe von Improvisationen in das Thema komplexer werdende) Thema-Chorus-Abfolge wurden nie fundamental in Frage gestellt. Background aber besagt — bezogen auf die gesamten stilistischen Einschränkungen — eben auch hierarchische Abstufungen bei den Beat fixierenden Instrumentalisten, im Chorus sich ausspielenden und von den anderen Musikern begleiteten Solisten und bei harmonischen Stützfunktionen. Ornette Colemans Musik ist ein wichtiger Schritt zur Emanzipation des gesamten Jazzensembles und schließlich zum individuellen Improvisationsstil. In keiner Musikform hat es mehr individuelle Freiheit zur expressiven Gestaltung gegeben als im Jazz. Und in keiner Musikform ist die stilistische Entwicklung so sehr verknüpft mit den wechselnden Personalstilen ihrer Interpreten wie im Jazz. Die Grenzen aber waren durch die traditionelle Spieltechnik des jeweiligen Instruments und die relativ stabilen Intonationsverhältnisse festgelegt. Ornette Coleman brach auch mit diesen Normen. Der Vergleich einer beliebigen Hardbop- oder Bebop-Aufnahme, beispielsweise auch des avancierten „Sweet Clifford" mit „Free Jazz" von Ornette Coleman offenbart die genannten grundsätzlichen Veränderungen. „Free Jazz" liegen keine „changes" mehr zugrunde, lediglich geschriebene atonale Themen, die das „work in progress" sowie die Abfolge von jeweils frei kontrapunktierten Soli strukturierten. Der Fundamentalrhythmus ist zwar prinzipiell nicht aufgegeben, aber doch so frei akzentuiert und von den Schlagzeugern sowie Bassisten so „verschleiert", daß er keinen Vergleich mit dem exakten Beat von Swing oder Bebop zuläßt. Was die Variabilität der Phrasierung und Tonerzeugung sowie die labilen Tonhöhen betrifft, so höre man nur Eric Dolphys Baßklarinette und Ornette Colemans Saxophon an. Hier sind die Grenzen dessen, was im Jazz bis dahin an Verschleifungen, Intonationsschwankungen, expressiver Tongebung Usus war, bei weitem überschritten. Schließlich fügt sich das ganze Ensemble in das Konzept einer „freien Gruppen-Improvisation" in einer Totalität, wie sie im Jazz bisher ohnegleichen war.[6][9]

Wer von Innovation der Klaviertechnik in den letzten

zwanzig Jahren Jazzentwicklung spricht, der kann den Namen Cecil Taylor nicht ignorieren. Taylor gehört zu den Free Jazzern der ersten Stunde. Die von schwarzen Theoretikern formulierte Rückführung des Jazz zu seinen anarchischen Ursprüngen bei Cecil Taylor scheint jedoch eher Wunschdenken zu entspringen. Tatsächlich eint Taylor mehr mit der abendländischen Musiktradition, als ihn davon trennt. Taylors Clustertechnik, seine Auflösung von Begleitfunktionen, die rabiate Intensität seines Spiels haben, ähnlich dem Wirken Colemans, anfangs das Jazzpublikum in der Kellerkuppel ratlos hinterlassen. Von den Musikern wurde die intensive Klaviertechnik allerdings besser verstanden. Selbst die heute als die wichtigsten Vertreter eines retrospektiven Klavierstils angesehenen Chick Corea und Keith Jarrett haben von Taylors Errungenschaften, seiner kompromißlosen Musiksprache, der Härte seines Stils, wenigstens zeitweise, profitiert. Vor allem aber im europäischen Free Jazz hat Cecil Taylors Spiel bis heute Spuren hinterlassen. Deutlich ist dies schon immer im Spiel Alexander von Schlippenbachs zu spüren gewesen. Ekkehard Jost hat mit seinen Analysen zu wesentlichen Einsichten in die Improvisationstechnik von Taylor verholfen (Jost 1977, S. 79). So konnte er beispielsweise feststellen, daß die Clustertechnik vielfach nicht aus wirklich undifferenzierten Clusters besteht, vielmehr aus clusterähnlichen Akkordkomplexen. Charakteristisch anders als das herkömmliche Spiel auf dem Klavier ist die Rhythmusauffassung Taylors, die sich dem Swing-Phänomen entzieht: „Der Polarität von Spannung und Entspannung, wie sie nicht nur für die traditionellen Stile des Jazz kennzeichnend ist, sondern ebenso für die Musik Coltranes oder Colemans, stellt Taylor den Wechsel von Spannung und Stocken gegenüber" (Jost 1977, S. 79). Gerade für dieses Stilprinzip und gleichzeitig für einen ungemein komplexen Aufbau sind Soloeinspielungen Taylors wie das Jitney No. 2 charakteristisch, in denen sich nicht wie in Combo-Aufnahmen Taylors die Diskrepanz zwischen seiner vergleichsweise „starren Rhythmik" und der swingenden Auffassung der anderen Musiker ergibt.

Im Zusammenhang mit der Entwicklung des Free Jazz ist ein Phänomen bedeutsam, das sich aus den Bedingungen des neuen musikalischen Ideals an sich zwangsläufig ergibt, das aber erst in einem späteren historischen Stadium bewußt wurde: Gemeint ist die Emanzipation der europäischen Jazzmusiker von ihren lange Zeit unerreichbaren Vorbildern in den Vereinigten Staaten. Jost hat dafür zwei interessante Erklärungen — die eine aus dem Wesen des Free Jazz, die andere aus der sozialgeschichtlichen Situation — gefunden.[70] Zum ersten Mal war das neue Musikideal nicht ein Stil, sondern mehr eine nonkonformistische künstlerische Haltung, keine präzise Klangstruktur oder kompositorische Norm, vielmehr ein Konglomerat von Individualstilen, die mehr ein latentes „gegen" als ein offenes „für" ausdrückten. Der politische Aspekt betrifft die Rolle Amerikas als kulturell-soziales Leitbild, das nach dem Zweiten Weltkrieg mehr und mehr schwand und in der Zeit des Vietnamkrieges und danach mehr in die Rolle eines Anti-Leitbildes transformiert wurde. Bedeutsam für den „deutschen" Free Jazz ist vor allem das Wirken des Musikerkreises, den Alexander von Schlippenbach seit 1966 in seinem „Globe Unity Orchestra" vereinigt, sowie die Musik von Peter Brötzmann: künstlerische Aktivitäten, die in der von den Musikern selbst getragenen Organisation der FMP mit Schallplattenproduktion, Konzert- und Workshop-Veranstaltungen seit 1969 mündete. Peter Brötzmann hat vor allem mit dem Trio, zu dem außer ihm noch Fred van Hove und Han Bennink gehörten, eine Ausdrucksform gefunden, die sich in keiner Weise auf ein wie auch immer zu definierendes Jazz-Idiom festlegen läßt und die die von Ornette Coleman geforderte Freiheit der Improvisation und das heißt der vollkommenen Offenheit nach allen Seiten, erst richtig zu verwirklichen schien. So ungebunden war diese Musik, daß sie sich auch wieder die Freiheit nehmen konnte, tonale Strukturen aufzugreifen. Daß diese „Tonalität" nach der Free-Jazz-Periode eine andere Physiognomie als die authentische tonale Phase besaß, erscheint nur allzu evident. „Outspan No. 2" repräsentiert eigentlich die zweite Phase des Free Jazz dieser Gruppe, nach einer ausgiebigen „Kaputtspielphase", in der die Freiheit des Ausdrucks merkwürdig uniform in oft gleiche, dynamisch undifferenzierte Kraftakte mündete (S. Anm. 70). Han Bennink ist wohl der Schlagzeuger, der das traditionelle Instrumentarium am weitesten ausgebaut hat, nicht nur verschiedenste, teilweise selbstgefertigte Perkussionsinstrumente aufgenommen, im Grunde alles, was sich durch Anschlagen zum Klingen bringen läßt (und sei es der Schwarzwald), zum Schlagzeug deklariert hat. In den freien Schlagkombinationen, in der urwüchsig-attackierenden, bisweilen assoziativ aufgebauten Struktur des Beginns von „Outspan No. 2" ist der Free Jazz zur Free Music geworden. Die spieldosenhaft geleierten Klavierphrasen werden von Brötzmanns ruppig gespieltem Saxophon in einen Marsch und anschließend in einen kaputten Walzer transformiert, um im Chaos des Powerplay aller drei Instrumente zerfetzt zu werden.

In Kurzform werden die Möglichkeiten des Free Jazz demonstriert: musikalisches Theater (im Spiel von Bennink), Parodie, Musik über Musik, Befreiung von tradierten musikalischen Formen, Reflexion und Deformierung von Trivialmusik, Ausnutzung musikalischer Extremwerte, Auflösung eines jazzspezifischen Gestus und – wie im Falle des „Bavarian Calypso" – die gebrochene Erinnerung an die Herkunft und die lange Zeit gültige Funktion des Jazz als Tanzmusik, aber auch die wieder stärker kommunikativen und unterhaltsamen Qualitäten des Jazz.

„Der Künstler war immer vollkommen in die Gesellschaft integriert. Aber nicht in die Gesellschaft seiner Zeit, sondern in jene der Zukunft. Der Künstler, der Dichter, der Gelehrte und der Heilige sind Mitglieder der Gesellschaft der Zukunft, welche bereits wie im Keim auf dem Planeten existiert, wenn auch zerstreut – unabhängig von Teilungen der politischen Geographie – in kleinen Gruppen, in Einzelnen, von Ort zu Ort ... In der Politik fühle ich mich gut in diese Gesellschaft integriert, die die Zukunft näher bringt und den Prozeß des Fortschritts so schnell wie möglich vollbringen will – gegen die rückständigen Mächte." Man mißverstehe das Bild des lateinamerikanischen Dichters und Revolutionärs Ernesto Cardenal vom Künstler als „Mitglied der Gesellschaft der Zukunft" nicht als eine Paraphrase auf Theodor W. Adornos berühmtes Flaschenpostbeispiel und dessen pessimistische Kunstphilosophie. Die Konklusion von Ernesto Cardenals Anschauung lautet „die Zukunft näher bringen". Und das heißt in der Gegenwart damit beginnen, jetzt investieren und nicht untätig auf eine bessere Zukunft hoffen. Nichts anderes meint Hanns Eisler, wenn er sagt, der Künstler könne sich nicht mehr so leicht in den Elfenbeinturm zurückziehen, für den die Miete im übrigen immer schwieriger aufzubringen sei. Der aktiv-kämpferische Gestus der Musik Hanns Eislers hat auch den Jazz seit etwa 1970 beeinflußt, der im Free Jazz zwar eine individuelle Befreiung von überkommenen Formschemata gebracht hat, sich in seinem Verhältnis zum Publikum aber oftmals keineswegs sozial gebärdete. Das Solidaritätslied Eislers in der Interpretation des Globe Unity Orchestra mit seiner gebrochenen Free Jazz-Marsch-Verbindung erinnert in konziser Form daran, daß Musik — auch wenn sie sich im Gegensatz zu anderen Kunstformen nicht direkt an den kritischen Verstand richten kann, sondern immer den Weg über das Gefühl suchen muß — durch die Reinterpretation von geistig und emotional besetztem Material die Chance hat, wenn schon nicht direkt gesellschaftlich verändernd, so doch bewußtseinsbildend zu wirken.

Im löchrig-holpernden Marsch, im Unfertigen, zögernd Unschlüssigen von Globe Unitys Solidaritätslied wird dabei die ambivalente, keineswegs affirmative Haltung gegenüber der kämpferischen Attitüde der Originalvorlage spürbar. Gerade in dieser eher suchenden statt den dumpfen Gleichschritt musikalisierenden Interpretation könnte man — und ich bin mir der subjektiven Ausdeutung und der möglichen Überinterpretation dabei wohl bewußt — eine Haltung sehen, die — wie das der engagierte Komponist Klaus Huber zur Verteidigung einer mystischen Musik der Selbstversenkung einmal formuliert hat — nicht soziale Zielsetzungen ausschließlich als „Imperativ des aufgeklärten dialektischen Geistes" verkörpert sieht, die ohne Umschweife realisiert sein wollen:

„Der Mensch wird nur dann wirklich zu einem sozialen Wesen, das sich engagieren, sich solidarisieren kann, wenn er existentielles Leiden konkret auf sich nimmt und es auszusprechen wagt."[7][1]

Eine wesentliche Errungenschaft der improvisierten Musik des Jazz seit 1960 ist die bereits in Ornette Colemans „Free Jazz"-Aufnahme konzeptuell verarbeitete Kollektivimprovisation und -komposition und der Zusammenschluß zu „kreativen Musikervereinigungen", die entstanden sind, um eine adäquate Veränderung musikalischer Organisationsformen nicht wie in der Vergangenheit durch die Abhängigkeit von kommerziellen Verwertungsprozessen, zu denen die Musiker keinen Zugang hatten, gewissermaßen post festum zu gefährden. Eine der wichtigsten amerikanischen Vereinigungen (etwa der deutschen FMP vergleichbar) ist die Chicagoer AACM (Association for the Advancement of Creative Musicians), die 1965 von Richard Abrams, Jodie Christian, Phil Cohran, Malachi Favors und Steve McCall gegründet wurde und zu deren einflußreichsten Gruppen das „Art Ensemble of Chicago" gehört. Das Konzept der Band umschreiben Lester Bowie und Joseph Jarman recht anschaulich. Bowie: „This isn't a band where the leader dictates the way everything should be done. Everybody writes, brings in material and does extra studies." Jarman: „Our music is a synthesis of all the universal music forms — all of Black music, and elements of European music as well."[7] [2]

Daß ein Stück wie „Nice Guys" von der gleichnamigen Schallplatte mit fast nur signalhaften Andeutungen wie dem Melodica-Akkord und dem Barbershop-Gestus der kurzen Vokalpartie und selbst im ironischen Titel den sozialen Background, in dem der Jazz entstand und in dem er gesehen wurde, memoriert, gleichzeitig die klangliche Seite des Jazz durch die Assoziation mit den Free Jazz-Kollektiven über schreitenden Baßlinien im Stile Ornette Colemans der frühen 60er Jahre als eine Art Musik über Musik aufgreift, mag als Indiz dafür gelten, in welchem Maße der Free Jazz am Ende der 70er Jahre selbst schon historisch geworden ist, jetzt mehr denn je von einem verbindlichen Stil zu einer Technik, über die man unter anderem verfügt, relativiert wurde.

„I was reading an article the other day and some guy says ‚Well, Braxton just can't swing.' Man, you spend ten years trying to figure out how not to swing, but to swing ... I've developed my own language. Everybody seems to have an exact idea of what ‚swing' is, what it really means, but in fact I think that word is another distortion. My opinion of ‚swing' ist that whenever something is actually happening in accordance with the vibrational flow that produces it, then it meets the criteria for swing."[7 3] Wurde im Zusammenhang mit dem Art Ensemble of Chicago davon gesprochen, daß der Free Jazz zur Technik relativiert wurde, so geht Anthony Braxton, ebenfalls dem Kreis der Chicagoer AACM entstammend, noch einen Schritt weiter, indem er das gesamte Jazz-Idiom zur Technik relativiert, über die er neben anderen musikalischen Ausdrucksqualitäten verfügt. Eine Unterscheidung der Faktur seiner Musik zu dem, was in den Improvisationsensembles der europäischen Neuen Musik geschieht, dürfte nicht leicht möglich sein. In der rationalen Durchgestaltung, in der Disposition der einzelnen Teile ihrer Komposition, weist diese Musik starke Ähnlichkeit mit der eines Earle Brown oder der seriellen Musik auf. Braxton bringt die verschiedenen Parameter einer Komposition — Klang, Dynamik, Harmonik, Melodik, Rhythmus — in ein Bezugssystem, das weitgehend intellektuell bestimmt ist und damit zur Konzept-Kunst tendiert[7 4]: „In my written music, I deal with extremes — like my music for 100 tubas and my parade music . . . Like a scientist, I remove myself from the music and then plot conceptually what I want to do . . . In '66, I started dealing with repetition, so I did three or four series; one system was called Kelvin, another Cobolt. The Cobolt System dealt with monophonic sound blocks" (Occhiogrosso). Braxton transzendiert in diesem Sinne das Jazz-Idiom, bringt die rudimentären Artikulations- und Phrasierungsmomente in ein Koordinatensystem, das durch die Abszisse eines metronomartig artikulierten Zirkusrhythmus und die beliebige Klangfarben- und Höhendisposition der Ordinatenachse bestimmt ist.

Electric Jazz/Rockjazz

Die sogenannte „Fusion Music" steht im Verdacht, einer kommerziellen Idee der Schallplattenindustrie entsprungen zu sein. Unter dem Begriff versteht man die Verbindung von musikalischen Elementen des Jazz und der Rockmusik auf der Basis eines weitgehend elektrisch verstärkten Instrumentariums. Es gibt zwar für die Geschichte der „Fusion Music" Schlüsseldaten, beispielsweise die erste Schallplattenaufnahme der Gruppe „Blood, Sweat & Tears" (1968) oder das „Bitches Brew"-Album von Miles Davis (1970). Seit Mitte der 60er Jahre aber ist die Diskussion über Verbindungen beider Musikformen und — vor allem auf Seiten der Rockmusiker — auch die reale Beeinflussung deutlicher spürbar.[75] Daß die Musik von Blood, Sweat & Tears und anderen Jazzrock-Gruppen, aber auch die Miles Davis-Musik ab 1970 immensen kommerziellen Erfolg brachte und für einen latenten Druck auf die Musiker durch die Schallplattenindustrie sorgte, steht wohl außer Frage. Wenn Jaco Pastorius, der Bassist von Weather Report, auf die Frage eines Interviewers, ob er sich unter kommerziellem Druck fühle, antwortet — „nobody at CBS even hears the record until it's mastered. There's no pressure at all" —, so wird damit lediglich ausgedrückt, daß die Schallplattenfirma gewähren läßt, weil die Musik von Weather Report kommerziell erfolgreich ist.[76]

Mehr Aufschluß gibt da die Ansicht von Billy Cobham, der im Zusammenhang mit seiner eigenen Musik zur Schallplatte „A Funky Thide of Sings" von Prostitution spricht: „There are some new things and a few old things. Some may call it prostitution; I still call it music. It's my interpretation of playing some r&b with a lot of electronics . . . ‚Commercial' is as good a word as any — for the sake of thinking for the future. Unless I get some money, I stand a chance of losing what I want to do as an artist. I will have no backing financially. If you have no money you can't eat, you can't think, and you die. I feel that I have to support myself on a level where I can sufficiently put out what I feel and think. In order to do this, I have to put out something that is going to be saleable, and not just to a select jazz audience either. I mean mass appeal."[77]

Bei musikalischen Analysen von Jazzrock läßt sich leicht feststellen, daß eine Kombination von zum Allgemeingut gewordenen Jazzelementen mit der rhythmischen Struktur von Rockmusik die Faktur bestimmt.[7][8]

Miles Davis' „Bitches Brew"-Album gehört zu den signifikanten Beispielen eines durch den Klang elektrisch verstärkter Instrumente und bestimmte, mit einer avancierten Rockmusik in Verbindung gebrachten Strukturen charakterisierten Jazz. Das Stück „John McLaughlin", das dem Gitarristen der Gruppe, der mit seinem Mahavishnu-Orchestra und einer hochvirtuosen Staccato-Technik später ein sehr einflußreicher Instrumentalist werden sollte, gewidmet ist, verbindet die modale Spielweise mit einer melodischen Ostinatofigur auf der Basis einer von Schlagzeug und Baß stark akzentuierten, durchhörbaren Gruppenimprovisation zu einer wirkungsvollen Komposition, die die solistischen Ausprägungen in den Gruppenklang integriert.

Modus: dorisch auf C

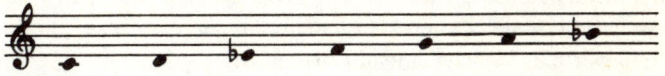

Ostinatofigur

In weit höherem Maße noch ist das Stück „Birdland" von Weather Report durch die repetitive Schwerpunktbildung von Baß und Schlagzeug, durch den massiven Einsatz von elektronischen Instrumenten wie Synthesizer etc. von dem Klangideal geprägt, das in der Rockmusik seit 1972 verbindlich wurde. Durch eingängige, stets wiederholte melodische Figuren,

durch parallele Melodieführung und effektvollen Einsatz stimulierender Mittel wie rhythmisches Klatschen, gleichbleibenden Schlag auf die Hi-Hat (wie es später in der Disco-Musik prototypische Verwendung fand) stellt „Birdland" eine Musik dar, die – durcharrangiert und prägnant gearbeitet – keine Spur jener Techniken zeigt, die für den Jazz, der sich von den Errungenschaften eines Ornette Coleman aus in den 60er Jahren entwickelt hat, kennzeichnend gewesen ist.

Neue Harmonik und retrospektive Tendenz

Nicht nur im Jazz, auch in der euro-amerikanischen Avantgardemusik gibt es seit Anfang der 70er Jahre eine sehr starke retrospektive Tendenz, die mit Schlagworten wie „Neue Einfachheit" umschrieben wurde. Daß diese Tendenz parallel zu stark restaurativ-konservativen politischen Erscheinungen auftrat, sollte nicht einer vulgären Widerspiegelungstheorie Material liefern. Carl Dahlhaus hat in einer Glosse über „Tonalität als Provokation" darauf hingewiesen, daß von „Theoretikern der Neuen Linken" gerade die experimentelle, sich auf Schönberg berufende musikalische Avantgarde stets verdächtigt wurde, mit der politischen Reaktion zu marschieren.[7][9] „Neue Einfachheit", „Zurück zur Tonalität" wäre unter diesem Aspekt eher der Ausdruck eines fortschriftlichen gesellschaftlichen Bewußtseins. Nach Dahlhaus aber ist die „Neue Tonalität" keine wirkliche Tonalität. Sie steht in der Tradition der Avantgarde, weil sie wie diese von dem, was sie negiert, abhängig ist. Es ist also eine „Emanzipation der Konsonanz" nach der Phase der Emanzipation des Geräuschs in der Neuen Musik (die keine Konsonanz zuließ), nicht aber Rückgriff auf die Harmonik des 19. Jahrhunderts. Die Wiedergewinnung der Harmonik wäre demnach eine Art von Reprise, die nach der Durchführung der seriellen Musik nicht mehr mit der „Exposition" der Harmonik im 19. Jahrhundert identisch ist. Das Bild vom Sonatenhauptsatz, übertragen auf eine musikalische Entwicklung der letzten zehn Jahre, mag eine gewisse Berechtigung bezogen auf Erscheinungen der Neuen Musik oder auch auf das Aufgreifen tonaler Strukturen in den Free Jazz-Zirkeln europäischer wie amerikanischer Provenienz besitzen. Daß es aber auch sozusagen geschichtslose Reprisen gibt, die eine ganze musikalische Entwicklung unreflektiert überspringen oder bewußt negieren, dafür mag die Musik einiger Jazzpianisten wie Chick Corea, Herbie Hancock, aber auch Keith Jarrett typisch sein. Im Vergleich der kompositorischen Faktur von Keith Jarrett und Albert Mangelsdorff mag der Unterschied einer die Entwicklung der letzten Jahre nicht reflektierenden, regressiven Musik zu einer auf Tradition aufbauenden, aber darüber hinausschreitenden Klangsprache deutlich werden. Keith Jarretts Solo-Improvisation, wie sie in den Köln Concerts beispielsweise im Abschnitt II c vorliegt, verarbeitet ein formal, harmonisch und rhythmisch gebundenes, liedhaftes 24taktiges Thema, variativ die strenge achttaktige Periodenbildung beachtend, im Stile des Mainstream-Jazz der 50er Jahre und — im zweiten, rhythmisch freien Teil — im Klavierstil des 19. Jahrhunderts, dabei nicht über die Harmonik und Kontrapunktik eines Robert Schumann hinausgehend.[80] Sie reflektiert in keiner Weise die improvisatorischen, kompositorischen, aber auch klangtechnischen Errungenschaften der Zeit ab etwa 1960 und ließe sich somit bruchlose einer früheren Zeit einfügen.

Mangelsdorffs „Creole Love Call" dagegen nimmt den Ellingtonschen Blues in B (zweiteilig) zum Anlaß, die Basis seines Spiels deutlich werden zu lassen und dennoch musikalische Gegenwart zu reflektieren. Die Form des Blues bildet lediglich ein Gerüst für die das Schema hinter sich lassende freie Improvisation in der Art eines musikalischen Stenogramms. Die Technik des mehrstimmigen Interpretierens (Spielens wäre der falsche Ausdruck, da ja effektiv nur jeweils ein Ton gespielt wird), indem zu den geblasenen Tönen des Themas weitere Töne von Mangelsdorff gleichzeitig gesungen werden und sich dann aufgrund von Differenztonbildung Akkorde bilden, ist auf bemerkenswerte Weise avanciert und „archaisch" zugleich, da der durch die Technik bedingte labile Ansatz fast einen Growl-Effekt hervorruft, wie er für den frühen Jazz typisch war. So dokumentiert das Spiel Mangelsdorffs die Verwurzelung in der Tradition, der er entstammt, und weist in gleichem Maße — durch die aktuelle musikalische Technik — über sie hinaus.

Anmerkungen

1. W. F. Allen / Ch. P. Ware / L. M. Garrison, Slave Songs of the United States, New York 1867, Reprint New York 1951, S. XVIII.
2. Einige Jazzforscher wie Alfons Dauer und Ernest Borneman gehen zu Recht davon aus, daß afrikanische und europäische Musik weniger trennt als eint. Die Übernahme von den für die eine Musik charakteristischen Stileigentümlichkeiten in die jeweils andere ging immer dann am besten vonstatten, wenn die eine Kultur in der anderen etwas ihrer eigenen Gemäßes wiederfand. Borneman erwähnt in seiner Arbeit „Jazz and the Creole Tradition" (Jazzforschung 1, Graz 1969, S. 99 ff.), daß der Konflikt zwischen afrikanischen und europäischen Elementen im Jazz ein künstlicher, von Kritikern aufgebauter Konflikt war, der die Natur afrikanischer Musik ignorierte: „African and European music are variants of the same idiom which has developed along both shores of the Mediterranean and may, in fact, have a common origin in pre-Mediterranean times. The real dividing line is not between European and African music but between the common heritage of Europe and Africa on one side and, on the other, an Asian form of music which spread outwards from both shores of the Mediterranean when the Arabs brought the gospel of Islam to Europe and Africa . . . " Wenn hier nun von Zwang die Rede ist, so ist damit nicht gemeint, daß die eine Musikform der anderen oktroyiert wurde. Gemeint ist vielmehr die soziale Situation der Musiker, die durch eine weiße Gesellschaft unterdrückt und damit zu bestimmten Reaktionen gezwungen waren, unabhängig von etwaigen Übereinstimmungen in den musikalischen Kulturen.
3. Die vorliegende Untersuchung basiert auf einer vom Verf. herausgegebenen „Klingenden Geschichte des Jazz" — auf drei Schallplatten — und deren Textbeilage (Opus Musicum OM 128/30, Arno Volk Verlag Hans Gerig KG, Köln 1980). So erklärt sich auch die Konzentration auf wenige, prototypische Kompositions- und Improvisationsbeispiele, die jeweils eine komplexe stilistische Richtung repräsentieren sollen.
4. Bei den Lebensdaten, die Dauer mitteilt (1824—1861), handelt es sich offensichtlich um einen Irrtum. A. M. Dauer, Jazz — die magische Musik, Bremen 1961, S. 359.
5. Zur Atmosphäre der Stadt New Orleans siehe: William Faulkner, New Orleans Sketches, New Brunswick 1958, deutsch Stuttgart 1962; Stephen Longstreet, Das war New Orleans, Frankfurt a. M. 1969.
6. Cables Aufsatz erschien erstmals im Februar 1886 im „Century Magazine" und wurde später mit weiteren Arbeiten Cables als „Creoles and Cajuns — Stories of Old Louisiana by George W.

Cable" von Arlin Turner wiederveröffentlicht. Dieses Werk erhielt ein Reprint: Gloucester, Mass. 1965.
7   Die kreolischen Werke Gottschalks sind leicht zugänglich in: L. M. Gottschalk, Klavierstücke, hrsg. v. E. Klemm, Leipzig 1974; Piano Music of L. M. Gottschalk, hrsg. v. R. Jackson, New York 1972.
8   W. C. Handy, Father of the Blues, New York 1941, S. 36.
9   Siehe dazu: Robert C. Toll, Blacking up – The Minstrel Show in Nineteenth Century America, Oxford u. a. 1974 (mit umfangreicher Bibliographie); Lawrence W. Levine, Black Culture and Black Consciousness – Afro-American Folk Thought From Slavery To Freedom, Oxford u. a. 1977.
10 Coon war eine ähnlich diskriminierende Bezeichnung wie Nigger.
11 Melville J. Herskovits, The American Negro, Bloomington ²1968, S. 1
12 Dauer 1961, S. 19 ff.; ders., Jazz – Seine Ursprünge und seine Entwicklung, Kassel 1958, S. 52 ff.
13 Marshall W. Stearns, The Story of Jazz, Oxford u. a. 1956, Reprint 1977, S. 90 ff.
14 Dauer 1958, S. 55.
15 Die Transkription stammt von Reimer von Essen und wurde entnommen dem Didaktisch-analytischen Kommentar der in Anmerkung 3 erwähnten „Klingenden Jazz-Geschichte".
16 Dauer sieht in den „Spasm Bands" und den „Tub, Jug und Washboard Bands" historische Vorläufer der Jazzbands. In den Spasm Bands verwendeten die Schwarzen mit primitiven Mitteln nachgeahmte europäische Instrumente, in den Tub, Jug und Washboard Bands dagegen wurden afrikanische Instrumente durch ähnlich verwendbare Klangwerkzeuge ersetzt. Dauer 1961, S. 67.
17 Fisk University, Unwritten History of Slavery: Autobiographical Accounts of Negro Ex-Slaves, hrsg. v. O. S. Egypt, J. Masouka, Ch. S. Johnson, Nashville 1945 (maschr.), zitiert nach Levine, S. 6.
18 Ernest Borneman, Black Light and White Shadows – Notes for a History of American Negro Music, in: Jazzforschung 2, Graz 1970, S. 37; siehe dazu auch: Richard Alan Waterman, African Influence on the Music of the Americas, in: Acculturation in the Americas, Proceedings and Selected Papers of the XXIXth International Congress of Americanists, hrsg. v. Sol Tax, New York 1967, S. 207–218.
19 Siehe dazu den ausgezeichneten Text- und Bildband von Fr. Ramsey Jr., Been Here and Gone, New Brunswick 1960, ²1969, der die Schallplattenaufnahme ergänzt.
20 Die Transkription stammt von R. v. Essen. Siehe Anm. 15 und 3.
21 Peter Gammond, Scott Joplin and the Ragtime Era, London 1975, Vorwort von Eubie Blake, S. 7.
22 Rudi Blesh / Harriet Janis, They All Played Ragtime, New York ⁴1971, S. 42.

23 F. L. Olmstead, Journey in the Seaboard Slave States, New York 1856.
24 Daß die Blaskapellen nicht die einzige Quelle für die Jazzentwicklung gewesen sind, daß die Schwarzen eine Reihe weiterer Gelegenheiten zum Musizieren hatten, beispielsweise auch auf offiziellen Bällen für freie Schwarze in New Orleans oder auf Plantation Parties und Familienfesten, belegt Henry A. Kmen, in: Music in New Orleans – The Formative Years 1791–1841, Baton Rouge 1966.
25 Creoles and Cajuns – Stories of Old Louisiana by George W. Cable, hrsg. v. Arlin Turner, Gloucester, Mass. 1965, S. 379.
26 William J. Schafer / Johannes Riedel, The Art of Ragtime, Baton Rouge 1973, S. 6.
27 Der vollständige Klavierauszug des Werkes erschien in den von Vera Brodsky Lawrence herausgegebenen Collected Works, Band 2, New York 1971.
28 William Bosman, A New and Accurate Description of the Coast of Guinea, 1707, Reprint New York 1967, zitiert nach Levine, S. 8.
29 Samuel B. Charters, Die Story vom Blues, München 1962, S. 86.
30 Zu Handys Praktiken, Blues-Kompositionen, die virulent waren, als seine eigenen im Druck erscheinen zu lassen, siehe Rudi Blesh, Shining Trumpets – A History of Jazz, New York 1946, ²1958, Paperback New York 1976, S. 146.
31 Mit „Southern" ist die „Southern Railroad" gemeint, mit „Yellow Dog" der Yazoo River. Beide schneiden sich in einer Stadt namens Moorhead. Der Yazoo mündet bei Clarksdale in den Mississippi.
32 E. Borneman, Jazz and the Creole Tradition, in: Jazzforschung 1, Graz 1969, S. 100.
33 Samuel Eliot Morison, The Oxford History of the American People. Vol. 3, New York 1965, Reprint 1972, S. 107 f.; siehe dazu auch: Current / Williams / Freidel / Brownlee, The Essentials of American History, New York 1976, S. 198.
34 E. Borneman betrachtet als erste Schallplattenaufnahmen von Schwarzen im Jazz-Idiom übrigens die Stücke „Indianola" und „Arabian Nights", die Jim Europe's Hellfighters 1919 produzierten. Diese Aufnahmen waren mir nicht zugänglich. Europes Aufnahmen von 1914, „Too Much Mustard" beispielsweise, zeigen jedenfalls keine Spur eines jazz-mäßigen Musizierens, entsprechen vielmehr dem Stil von Scott Joplins orchestriertem und von Gunther Schuller interpretierten „Combination March".
35 Gunther Schuller, Early Jazz, It's Roots and musical Development, New York 1968, S. 70.
36 Edmond Souchon, King Oliver, A Very Personal Memoir, in: The Jazz Review III/4, 1960, zitiert nach Schuller, S. 70.
37 Al Rose / Edmond Souchon, New Orleans Jazz – A Family Album, Baton Rouge 1967, S. 181.

38 Hear Me Talkin' To Ya — The Story of Jazz as Told by the Men Who Made It, hrsg. v. Nat Shapiro / Nat Hentoff, New York 1955, Reprint 1966, S. 16.
39 Unter Dixieland verstand man im 19. Jahrhundert die Südstaaten der USA, südlich der Mason-Dixon-Linie. Während des Sezessionskrieges diente als inoffizielle Hymne der Südstaaten das Dixie-Lied von Daniel Decatur Emmet.
40 Hear Me Talkin' ..., S. 36 (siehe auch den Ausspruch von Arnold Loyacano, S. 81).
41 Siehe dazu: Blesh, S. 191 ff. sowie Notenanhang daselbst.
42 Zur Reliance Brass Band von Jack Papa Laine gehörten zwei Farbige, die wohl aufgrund ihrer hellen Haut die Rassenschranken passierten.
43 Paul Mares, zitiert nach: Hear Me Talkin' ..., S. 123.
44 Milenberg geht auf einen Druckfehler in der Erstfassung des Stückes zurück. Gemeint ist der Ausflugsort Milneburg am Pontchartrain See von New Orleans.
45 Die Fortführung des New Orleans Jazz durch schwarze Musiker seit dem zweiten Jahrzehnt dieses Jahrhunderts in Chicago wird nicht als eigentlicher Chicago-Stil angesehen, wiewohl er darauf Einfluß genommen hat. Den Begriff Chicago-Stil prägte Hugues Panassié, Le Jazz Hot, Paris 1934.
46 Riff = Wiederholung eines melodisch wie rhythmisch prägnanten Motivs, das über wechselnde Harmoniestufen beibehalten werden kann und meist zur Intensivierung der Begleitung eines Solisten in der Big Band Verwendung findet.
47 Manfred Miller, Die zweite Akkulturation, in: Jazzforschung 1, Graz 1969, S. 157.
48 Boogie Woogie = Bezeichnung für einen Klavierstil mit stark typisierten Baß- und Melodiefiguren, der sich offenbar aus dem Barrelhouse-Stil entwickelte, eine Musik, die in den Südstaatenkneipen (Barrelhouses) entstand, als man dort begann, Blues auf dem Klavier zu spielen.
49 Der Erfolg von Benny Goodman führte dazu, den Beginn der „Swing-Ära" auf den 21. 8. 1935 zu datieren, an dem der Goodman Band in Los Angeles der Durchbruch zum Erfolg gelang.
50 Die Transkription stammt von Hoyt Jones und ist dem „downbeat" vom 20. 7. 1972 entnommen.
51 Der Begriff der „Battle", bereits im Jazz der Brass Bands als Wettstreit zwischen Ensembles bekannt, hat in den berühmten Orchesterschlachten des Swing (Chick Webb gegen Benny Goodman) seine Fortsetzung erfahren und wurde von Lionel Hampton auch auf Instrumente wie das Tenorsaxophon übertragen.
52 Zum „Achtelnotenbeat" siehe Bebop.
53 Stan Kenton, in: downbeat, 14. 1. 1965.

54 Charlie Parker, in: downbeat, 9. 9. 1949.
55 Leonard Feather, A Fist At The World, in: downbeat, 11. 3. 1965.
56 Thelonious Monk, in: Nat Hentoff, The Jazz Life, New York 1961, S. 195, zitiert nach LeRoi Jones, Blues People, deutsch Darmstadt 1963, S. 254.
57 Minton's Playhouse wurde 1940 in der 118. Straße von New York eröffnet und galt als wichtiger Musikertreffpunkt, in dem man nach den regulären Engagements (after hours) zu mehr oder weniger spontanem Musizieren zusammenkam.
58 G. Hoefer, The First Bop Combo, in: downbeat, 20. 6. 1963, S. 19.
59 Solche Neukompositionen auf alte Harmoniefolgen (changes) findet man u. a. noch in folgenden Werken: Bird of Paradise (= All The Things You Are), Anthropology (= I Got Rhythm), Ko Ko (= Cherokee), Dig (= Sweet Georgia Brown), Donna Lee (= Indiana), Doxy (= Jada), Happy Miles (= Get Happy), Scrapple from the Apple (= Honeysuckle Rose), Ornithology (= How High The Moon), Quasimodo (= Embraceable You) etc.
60 Die Transkription des Themas von Subconscious-Lee stammt von Lee Konitz selbst und ist entnommen: Jazz Lines by Lee Konitz, New York: William H. Bauer Inc. 1957.
61 Martin Williams (Hrsg.), The Art of Jazz, New York 1959.
62 Winthrop Sargeant, Jazz Hot and Hybrid, New York 1938, ^{3}1975, S. 259.
63 Siehe dazu: Stanley Dance, The MJQ at the White House, in: Saturday Review, 15. 11. 1969.
64 Michael Bourne, Ornette's Innerview, in: downbeat, 22. 11. 1973.
65 Coltrane on Coltrane, in: downbeat, 29. 9. 1960.
66 Daß die modale Spielweise, die etwa seit Miles Davis' Komposition „Milestones" im modernen Jazz nachweisbar ist, weder durch die Annäherung an europäische Kirchentöne noch an indisches Musizieren entstanden sei, hebt Jost mit dem Hinweis auf fehlende Quellen in den 50er Jahren hervor (E. Jost, Free Jazz, Mainz 1977, S. 114). Gleichwohl kann eine solche Technik schwerlich von den Jazzern plötzlich selbst entwickelt worden sein. Ein Musiker wie LaMonte Young, der in den 50er Jahren Komposition und Musikethnologie in Los Angeles und Berkeley studiert hatte, Anfang der 60er Jahre ebenfalls „modal" zu improvisieren begann und später sich ganz indischer Musik widmete, könnte hier womöglich eine wichtige Rolle als Vermittler dieser Technik gespielt haben.
67 Siehe dazu u. a.: downbeat Yearbook 1964, S. 65: Declaration – A series of statements intent and purpose from a number of leading avant garde jazz musicians; downbeat Yearbook 1965, S. 87: The Jazz Avant Garde: Pro & Con; Nat Hentoff, The Jazz Life, New York 1961; A. B. Spellman, Black Music – four lives, Paperback New York 1970 (identisch mit „Four Lives in the Bebop Business", New York 1966).

68 Jost 1977, S. 20 (Zitate nach Williams, S. 207).
69 E. Jost, Zur Musik Ornette Colemans, in: Jazzforschung 2, Graz 1970, S. 115.
70 E. Jost, Europäische Jazz Avantgarde — Emanzipation wohin?, in: For Example Workshop Freie Musik 1969—1978, Dokumentationskassette der FMP, Berlin.
71 Musik im 20. Jahrhundert 25.—28. 5. 1978, Programmheft der Veranstaltung des Saarländischen Rundfunks Saarbrücken; Klaus Huber über sein Werk „... ohne Grenze und Rand..."
72 ECM-Information zu „Nice Guys".
73 Peter Occhiogrosso, Anthony Braxton Explains Himself, in: downbeat, 12. 8. 1976.
74 Daß Braxton ein eminent vitaler Musiker sein kann, hat er auf den Einspielungen der Gruppe „Circle", die bei ECM Anfang der 70er Jahre herausgekommen sind, bewiesen.
75 Das „downbeat", ein amerikanisches Jazzmagazin, beginnt sich ab 1967 mit Rockmusik sporadisch auseinanderzusetzen. Das Yearbook 67, das rückblickend das Jahr 1966 betrachtet, fragt auf S. 54 „Is Jazz going longhair?" Ab 18. 2. 1971 ändert das Magazin seine neutrale Unterzeile zum Titel „downbeat" in die Zeile „jazz-blues-rock" ab, die ab 18. 7. 1974 wiederum von „the contemporary music magazine" abgelöst wird.
76 Jaco Pastorius, in: downbeat.
77 Arnold Jay Smith, Billy Cobham, Percussice Ways, Commercial Means, Musical Ends, in: downbeat, 4. 12. 1975.
78 Siehe E. Jost, in: Jazzforschung 9, Graz 1978, und W. Sandner, in: Jazzforschung 10, 1979.
79 C. Dahlhaus, in: Melos 1976, S. 438.
80 Keith Jarrett hat in diesen Solo-Improvisationen wie in anderen Aufnahmen — Bremen/Lausanne oder Sunbear-Concerts — eine stupende Fähigkeit zur assoziativ-freien Ausgestaltung auf der Basis unbegrenzter stilistischer Möglichkeiten bewiesen. Und „II c" muß in diesem Kontext gesehen werden. Trotzdem bleibt die restaurative Tendenz des Klavierstils vorherrschend.

Literatur

Allen, William Francis/Ware, Charles Pickard/Garrison, Lucy McKim: Slave Songs of the United States, New York 1867, Reprint New York 1951.
Asbury, Herbert: The French Quarter. An Informal History of New Orleans, New York 1938.
Asriel, André: Jazz – Analysen und Aspekte, Berlin 1966.
Blassingame, John W.: The Slave Community – Plantation Life in the Antebellum South, New York 1979.
Blesh, Rudi: Shining Trumpets – A History of Jazz, New York 1946, Paperback New York 1976.
Blesh, Rudi/Janis, Harriet: They All Played Ragtime, New York [4]1971.
Blumberg, Barbara: The New Deal and the Unemployed, New York 1979.
Boardman, Fon W., Jr.: America and the Civil War Era 1850–1875, New York 1976.
Borneman, Ernest: Jazz and the Creole Tradition, in: Jazzforschung 1, Graz 1969.
Borneman, Ernest: Black Light and White Shadow. Note for a History of American Negro Music, in: Jazzforschung 2, Graz 1970.
Bosman, William: A New and Accurate Description of the Coast of Guinea, 1707, Reprint New York 1967.
Brodsky Lawrence, Vera (Hrsg.): Scott Joplin – Collected Works, New York 1971.
Brunn, Harry O.: The Story of the Original Dixieland Jazz Band, New York 1977.
Bruynoghe, Yannick: Big Bill Blues, New York 1964.
Cable, George W.: Creoles and Cajuns. Stories of Old Louisiana, hrsg. v. Arlin Turner, Gloucester/Mass. 1965.
Carles, Philippe/Comolli, Jean-Louis: Free Jazz – Black Power, Frankfurt 1974.
Charters, Samuel B.: Die Story vom Blues, München 1962.
Chilton, John: Billie's Blues, New York 1964.
Collier, Graham: Inside Jazz, London 1973.
Dauer, Alfons M.: Jazz – Seine Ursprünge und seine Entwicklung, Kassel 1958.
Dauer, Alfons M.: Jazz – die magische Musik, Bremen 1961.
Dauer, Alfons M.: Geschichte und Systeme des europäischen und afrikanischen Sklavenhandels, in: Jazzforschung 10, Graz 1978.
Dauer, Alfons M.: Towards a Typology of the Vocal Blues Idiom, in: Jazzforschung 11, Graz 1979.
Egypt, O. S./Masouka, J./Johnson, Ch.S. (Hrsg.): Fisk University. Unwritten History of Slavery. Autobiographical Accounts of Negro Ex-Slaves, Nashville/Tenn. 1945 (maschr.).

Ellington, Duke: Autobiographie, München 1974.
Evans, David: Folk, Commercial and Folkloristic Aesthetics in the Blues, in: Jazzforschung 5, Graz 1974.
Faulkner, William: New Orleans Sketches, New Brunswick 1958 (deutsch: Stuttgart 1962)..
Feather, Leonard: A Fist at the World, in: downbeat 11. 3. 1965.
Ferris, William R.: Black Prose Narrative from the Mississippi Delta, in: Jazzforschung 6/7, Graz 1975.
Ferris, William R.: Blues from the Delta, New York 1978.
Fisher, Miles Mark: Negro Slave Songs in the United States, New York 1953.
Franklin, John Hope: From Slavery to Freedom. A History of Negro Americans, New York 1980.
Fredrickson, George M.: The Black Image in the White Mind, New York 1971.
Gammond, Peter: Scott Joplin and the Ragtime Era, London 1975.
Garon, Paul: Blues and the Poetic Spirit, New York 1979.
Gottschalk, Louis Moreau: Notes of a Pianist, hrsg. v. Jeanne Behrend, New York 1964.
Handy, William C.: Father of the Blues, New York 1941.
Hentoff, Nat: The Jazz Life, New York 1961.
Herskovits, Melville J.: The Myth of the Negro Past, Boston 1941.
Herskovits, Melville J.: The American Negro, Bloomington 1968.
Hilbert, Helmut/van Spall, Peter: Jazz-Business. Wer verdient am Jazz, in: Jazz aktuell, hrsg. v. Claus Schreiner, Mainz 1968.
Holdt, Jacob: Bilder aus Amerika, Frankfurt am Main 1978.
Huggins, Nathan Irvin: Voices from the Harlem Renaissance, New York 1976.
Hughes, Langston/Bontemps, Arna: The Book of Negro Folklore, New York 1958.
Jones, LeRoi: Blues People, Darmstadt 1963.
Jones, LeRoi: Ausweg in den Haß, Darmstadt 1967.
Jones, LeRoi: Black Music, New York 1967 (deutsch Frankfurt 1970).
Jost, Ekkehard: Zur Musik Ornette Colemans, in: Jazzforschung 2, Graz 1970.
Jost, Ekkehard: Zum Problem des politischen Engagements im Jazz, in: Jazzforschung 5, Graz 1974.
Jost, Ekkehard: Free Jazz, Mainz 1975.
Jost, Ekkehard: Europäische Jazz Avantgarde — Emanzipation wohin?, in: For Example Workshop Freie Musik 1969—78. Dokumentationskassette der FMP, Berlin (1979).
Klemm, Eberhard (Hrsg.): Louis Moreau Gottschalk. Klavierstücke, Leipzig 1974.
Kmen, Henry A.: Music in New Orleans, Baton Rouge 1966.

Kofsky, Frank: Black Nationalism and the Revolution in Music, New York 1970.
Krähenbühl, Peter: Der Jazz und seine Menschen, Bern 1968.
Krehbiel, Henry Edward: Afro-American Folk-Songs, New York 1913, New York 1962.
Levine, Lawrence W.: Black Culture and Black Consciousness — Afro-American Folk Thought from Slavery to Freedom, Oxford 1977.
Longstreet, Stephen: Das war New Orleans, Frankfurt am Main 1969.
Marquis, Donald M.: In Search of Buddy Bolden. First Man of Jazz, New York 1978.
Mezzrow, Mezz: Jazz-Fieber (Really the Blues), Zürich 1956.
Miller, Manfred: Der moderne soziologische Hintergrund, in: Jazz aktuell, hrsg. v. Claus Schreiner, Mainz 1968.
Miller, Manfred: Die zweite Akkulturation, in: Jazzforschung 1, Graz 1969.
Morton, Jelly Roll/Lomax, Alan: Dr. Jazz — Mister Jelly Rolls Moritat vom Jazz, Zürich 1960.
Oakley, Giles: The Devil's Music. A History of the Blues, London 1976.
Occhiogrosso, Peter: Anthony Braxton Explains Himself, in: downbeat 12. 8. 1976.
Odum, Howard W./Johnson, Guy B.: Negro Workaday Songs, New York 1926, New York 1969.
Oliver, Paul: The Story of the Blues, New York 1969.
Olmstead, F. L.: Journey in the Seaboard Slave States, New York 1856.
Panassié, Hugues: Le Jazz Hot, Paris 1934.
Panassié, Hugues: Louis Armstrong, New York 1971 (französisch Paris 1969).
Ramsey, Frederic jr.: Been Here and Gone, New Brunswick 1960.
Rose, Al: Eubie Blake, New York 1979.
Rose, Al/Souchon, Edmond: New Orleans Jazz Family Album, Baton Rouge 1967.
Russell, Tony: Blacks, Whites and Blues, New York 1970.
Sandner, Wolfgang: Zur Charakterisierung der Musik von „Blood, Sweat & Tears". Marginalien zum Jazzrock, in: Jazzforschung 10, Graz 1978.
Sargeant, Winthrop: Jazz Hot and Hybrid, New York 1938, ^{3}1975.
Schafer, William J./Riedel, Johannes: The Art of Ragtime, Baton Rouge 1973.
Schuller, Gunther: Early Jazz — Its Roots and Musical Development, New York 1968.
Shapiro, Nat/Hentoff, Nat: Hear Me Talkin' to Ya, New York 1955 (deutsch als: Jazz erzählt, München 1959).
Smith, Arnold Jay: Billy Cobham. Percussive Ways, Commercial Means, Musical Ends, in: downbeat 4. 12. 1975.

Souchon, Edmond: King Oliver. A Very Personal Memoir, in: The Jazz Review III/4, 1960.
Spellman, A. B.: Black Music/Four Lives, New York 1970.
Stearns, Marshall W.: The Story of Jazz, Oxford 1956, Reprint 1977.
Sudhalter, Richard M./Evans, Philip R./Dean-Myatt, William: Bix — Man & Legend. The Life of Bix Beiderbecke, London 1974.
Tax, Sol (Hrsg.): Acculturation in the Americas, New York 1967.
Toll, Robert C.: Blacking up — The Minstrel Show in Nineteenth Century America, Oxford 1974.
Ulanov, Barry: Jazz in Amerika, Berlin 1958.
Williams, Martin (Hrsg.): The Art of Jazz, New York 1959.
Wilmer, Valerie: Jazz People, London 1977.

Auswahldiskographie

The Music of New Orleans, Folkways Records FA 2461 (1959).
Music from the South, Folkways Records FA 2659 (1960).
Footlifters, A Century of American Marches in Authentic Versions, CBS 73478 (1976).
Scott Joplin, The Red Back Book, EMI Electrola 1 C 056-81492 (1973).
Antologia del Blues, Vol. 1 Blues rurale, Albatros VPA 8187 (1974).
Bessie Smith, The Empress, CBS 66264 (1971).
Jazz, Vol. 3, New Orleans, Folkways Records FJ 2803 (1958).
Louis Armstrong, V.S.O.P. Vol.1/2, CBS 88001 (1974).
The Golden Days of Jazz, RCA Victor SRS 557.
Bunk Johnson's Brass & Dance Band, Storyville 670202.
Jazz Begins — The Young Tuxedo Brass Band, ATL 50404 (1977).
Early Dixieland, Mercury Jazz Masters Series 6434902.
Dixieland in Chicago — New Orleans Rhythm Kings, Metronome 40008 (1976).
A Boy Named Bix, Bix Beiderbecke and the Wolverine Orchestra 1923/24, Metronome 40006 (1976).
Eddie Condon's World of Jazz, CBS S 67273 (1973).
Fletcher Henderson, The Very First Big Band, Metronome 40009 (1976).
The Complete Duke Ellington, Vol. 2, 1928—30, CBS 68275 (1973).
Count Basie, Super Chief, CBS 67205 (1972).
Benny Goodman, All-Time Greatest Hits, CBS 67268 (1972).
Coleman Hawkins, RCA 730625 Black & White Vol. 17.
Woody Herman Second Herd, Capitol ECJ-40012, Japan.
The Creative World of Stan Kenton, Kenton/Wagner, ST-1024 Creative World.
The Definite Charlie Parker Vol. 2, Verve 511049 Standard.
Clifford Brown, The Quintet, Vol. 1, Mercury, EmArcy Jazz Series.
Capitol Jazz Classics Vol. 1, Miles Davis and His Orchestra, The Complete Birth of the Cool, Capitol 459 (1971).

Lee Konitz, Subconscious-Lee, Prestige 7250.
The Fabulous Gerry Mulligan Quartet, Vogue DP 07.
Art Blakey's Jazz Messengers, JLA 16009 CBS.
The Art of the Modern Jazz Quartet, The Atlantic Years, ATL 60041.
John Coltrane, The Legend, Atlantic ATL 40286.
Ornette Coleman, Free Jazz, Atlantic ATL 50240.
Brötzmann/Van Hove/Bennink, Outspan No. 2, FMP 0200.
Globe Unity Orchestra, Bavarian Calypso, FMP S 6.
Cecil Taylor, Silent Tongues, Freedom FLP 40146.
Globe Unity 73, Live in Wuppertal, FMP 0160.
Art Ensemble of Chicago, Nice Guys, ECM 1126.
Anthony Braxton, The Montreux/Berlin Concerts, Arista AL 5002 (1977).
Miles Davis, Bitches Brew, CBS S 66236 (1970).
Weather Report, Heavy Weather, CBS 81775 (1977).
Keith Jarrett, The Köln Concerts, ECM 1064/65 ST (1975).
Albert Mangelsdorff, Tromboneliness, MPS 15397 (1977).

Personenregister

Abrams, Richard 128
Adorno, Theodor W. 126
Allen, William Francis 151
Armstrong, Louis 50, 63 f., 66, 86, 91
Art Ensemble of Chicago 128 f.

Bailey, Buster 73
Barrey-Seymour 39
Basie, Count 91 ff.
Beaux Arts Streichquartett 117
Beebe, Warren 39
Beiderbecke, Bix 82 f., 87
Bellini, Vincenzo 17
Bennink, Han 125 f.
Berlioz, Hector 17
Bigard, Barney 87
Blake, Eubie 36, 38
Blakey, Art 11 f., 114
Blesh, Rudi 28, 36, 75 f., 83, 89
Blood, Sweat & Tears 130
Blue Devils 91
Bolden, Buddy 39, 58, 60, 71, 75
Borneman, Ernest 32, 57 f.
Bosman, William 49
Bowie, Lester 128
Boyer, Richard O. 86
Brahms, Johannes 43
Braxton, Anthony 128 f.
Brecht, Bert 51
Brötzmann, Peter 125 f.
Broonzy, Big Bill 47
Brown, Clifford 103
Brown, Earle 129
Brown, Rabbit 49 f., 52
Brown, Tom 38
Bruynoghe, Yannick 47

Byas, Don 100

Cable, George Washington 17 f., 40
Calloway, Cab 86
Cardenal, Ernesto 126
Carter, Benny 86
Chappelle, Fats 52
Charters, Samuel 30, 50
Chicagoans 82, 84
Chopin, Frédéric 17, 36, 43, 45
Christian, Charlie 11, 100
Christian, Jodie 128
Cohran, Phil 128
Coleman, Ornette 119 f., 122 ff., 127 f., 132
Coltrane, John 119 ff., 124
Condon, Eddie 84
Corea, Chick 124, 133

Dahlhaus, Carl 133
Dauer, Alfons 15, 28 f., 37 f., 48 f., 51, 58 f., 61 f., 64, 66, 72, 75 ff., 82, 85, 90 f., 92, 102, 117
Davis, Miles 105 ff., 120, 130 f.
Debussy, Claude 116
Delius, Frederick 44
Dixie Syncopators 91
Dolphy, Eric 123

Eisler, Hanns 127
Ellington, Duke 35, 85 ff., 96, 117, 134

Favors, Malachi 128
Feather, Leonard 10 f., 51
Fuller, Blind Boy 32, 34

Gammond, Peter 38
Garrison, Lucy McKim 15
Gershwin, George 44
Gillespie, Dizzy 100, 103

Gitler, Ira 120
Globe Unity Orchestra 96, 125, 127
Goodman, Benny 91 ff.
Gottschalk, Louis Moreau 17 ff., 57 f.
Green, Freddy 92

Hancock, Herbie 133
Handy, W. C. 21, 52 f.
Harney, Ben 39
Hawkins, Coleman 95 f., 101, 104
Henderson, Fletcher 53, 85 ff.
Herman, Woody 96 f., 111, 116
Herskovits, Melville J. 72
Hill, Andrew 10
Hines, Earl 100
Hodges, Johnny 87
Hornbostel, Erich Moritz von 48
Hove, Fred van 125
Hubbard, Freddie 121
Huber, Klaus 127
Humes, Helen 93

Ives, Charles 36

Jarman, Joseph 128
Jarrett, Keith 104, 124, 133 f.
Jazz Messengers 114
Johnson, Bunk 21, 58, 70 f., 75
Jones, Jo 85, 92
Jones, LeRoi 102, 105, 115
Joplin, Scott 35 f., 39 f., 43 ff., 87
Joseph, Willie 36
Jost, Ekkehard 122, 124 f.

Kenton, Stan 96 f., 105, 111
Keppard, Freddie 60, 74
Klemm, Eberhard 19
Konitz, Lee 107 ff.

Krupa, Gene 93

Laine, Jack Papa 38, 75
LaRocca, Nick 75, 78
Leadbelly 29
Levine, Lawrence 28, 49
Lewis, George 70
Lewis, John 117
Liebermann, Rolf 116
Liszt, Franz 39
Lomax, Alan 67

Mangelsdorff, Albert 133 f.
Manone, Wingy 71 f.
McCall, Steve 128
McGhee, Howard 100
McKenzie, Red 84
McLaughlin, John 131
Meyerbeer, Giacomo 17
Miley, Bubber 86 f.
Milhaud, Darius 116
Miller, Manfred 89
Molière, Jean-Baptiste 17
Modern Jazz Quartet 116 f.
Monk, Thelonious 10 ff., 99 f., 103
Moore, Carman 44
Morgan, Lee 114
Morison, Samuel Eliot 59
Morton, Jelly Roll 21, 39, 60, 67 ff., 71, 74 f., 78 f., 87
Moten, Bennie 86, 91 f.
Mulligan, Gerry 111

New Orleans Rhythm Kings 78, 80, 82

Occhiogrosso, Peter 129
Offenbach, Jacques 23
Oliver, King 60 f., 63 f., 78, 91
Olmstead, F. L. 37

Original Dixieland Jazz Band 38, 74 ff.,

Page, Walter 91 f.
Parker, Charlie 99 f., 102 f.
Pastorius, Jaco 130
Pepper, Art 10
Peterson, Oscar 11
Pettiford, Oscar 100
Picou, Alphonse 59
Piron, A. J. 60
Porter, Cole 108

Racine, Jean 17
Rácz, Aladár 116
Rainey, Ma 21, 52
Randolph, Percy 29 f.
Redman, Don 86
Roach, Max 100
Rogers, Shorty 111
Rose, Al 71

Sargeant, Winthrop 116
Schafer, William 43
Schlippenbach, Alexander von 124 f.
Schönberg, Arnold 119, 133
Schubert, Franz 45
Schuller, Gunther 35 f., 41, 60, 63, 67, 74, 78, 102, 116
Schumann, Robert 43, 134
Smith, Bessie 21, 52 ff.
Souchon, Edmond 60, 71
Sousa, John Philip 36
Sprott, Horace 32 ff.
Stark, John 43
Stearns, Marshall 37, 59, 71 f.
Story, Sidney 59
Strawinsky, Igor 97, 116

Taylor, Cecil 119, 124
Thomson, Virgil 39

Thornhill, Claude 106
Timmons, Bobby 11
Tristano, Lennie 107
Tyner, McCoy 121

Wagner, Richard 97
Wallington, George 100
Watson, Tom 59
Weather Report 130 f.
Webster, Ben 86
Weill, Kurt 44, 116
White, Newman I. 39
Whiteman, Paul 83
Williams, Martin 113
Wolverine Orchestra 82 f.
Workman, Reggie 121

Young, Lester 96, 100, 105 f.
Young Tuxedo Brass Band 70

Zeitlin, Denny 11